Handbücherei für Unterrichtsplanung und Unterrichtsgestaltung
in der Schule für Geistigbehinderte (Sonderschule)

Sinnes- und Verstandeserziehung
und Einführung in den Umgang mit der Schrift,
den Zahlen und den Größen
(Kognitive Förderung)

Prof. Dr. phil. Rudolf Pohl
Sonderschullehrer Ulrich Pohl
Sonderschullehrerin Kirsten Schulte auf'm Hofe

Verlag Wulff & Co., Dortmund 1983

Herausgegeben von Prof. Dr. phil. Rudolf Pohl
Pädagogische Hochschule Ruhr
Fachbereich II Sondererziehung und Rehabilitation
Kreuzstraße 155, 4600 Dortmund 1

Verlag Wulff & Co., Dortmund 1981
Alle Rechte, insbesondere das der Reproduktion, vorbehalten
Gesamtherstellung Wulff & Co., 4600 Dortmund 72
ISBN 3-88090-089-2

Inhalt

		Seite
1.	Vorwort	5
2.	Wesen und Bedeutung der kognitiven Förderung	6— 8
3.	Bedeutung der Früherziehung für die kognitive Förderung	9— 13
4.	Entwicklung der kognitiven Fähigkeiten	14— 16
4.1	Entwicklung der Erkenntnisprozesse nach Metzger	17— 21
4.1.1.	Struktur der Wahrnehmung in ihrer Entwicklung	21— 23
4.1.2.	Gehalte der Wahrnehmung in ihrer Entwicklung	24— 26
4.1.3.	Sprachliche Belehrung	26— 29
4.2.	Entwicklung der kognitiven Fähigkeiten nach Piaget	29— 32
4.3.	Entwicklung der kognitiven Fähigkeiten nach Bruner	33— 34
5.	Aufgaben und Ziele der kognitiven Förderung bei Geistigbehinderten	34— 35
5.1.	Kognitive Förderung im frühkindlichen Alter	35— 36
5.1.1.	Förderung der Emotionalität	36— 38
5.1.2.	Förderung der Bewegungsfähigkeit	38— 41
5.1.3.	Förderung der Wahrnehmungstüchtigkeit	42— 49
5.1.4.	Förderung der Sprache	50
5.2.	Kognitive Förderung im Elementarbereich	50
5.2.1.	Förderung des emotional-sozialen Verhaltens	50— 53
5.2.2.	Förderung der Bewegungsfähigkeit	53— 55
5.2.3.	Förderung der Wahrnehmungsfähigkeit	55— 61
5.2.4.	Förderung Spracherziehung	61— 62
5.3.	Kognitive Förderung im schulischen Bereich auf der Vor- und Unterstufe	62
5.3.1.	Förderung des Sozialverhaltens	63— 64
5.3.2.	Förderung der Bewegungsfähigkeit	64— 66
5.3.3.	Förderung der Wahrnehmungstüchtigkeit und des Denkens	66— 68
5.3.4.	Förderung der Sprache und des Denkens	69— 73
5.3.5.	Förderung des Lebenskundlichen Bereiches und des Denkens	73— 74
5.4.	Kognitive Förderung im schulischen Bereich auf der Mittel-, Ober- und Werkstufe	74
5.4.1.	Der Schreib-Leseunterricht in der Schule für Geistigbehinderte (Sonderschule)	74— 79
5.4.1.1.	Die geeignete Lesemethode für geistigbehinderte Schüler	79— 89
5.4.1.2.	Lehrplanüberlegungen für das Lesenlernen	89— 92
5.4.1.3.	Die Leseschwäche	93
5.4.2.	Umgang mit Mengen, Zahlen und Größen	93— 96
5.4.2.1.	Die geeignete Methode für die Zahlbegriffsbildung	97—108
5.4.2.2.	Die Rechenschwäche	108—110
5.4.2.3.	Umgang mit Längenmaßen, Hohlmaßen, Gewichten, Zahlungsmitteln und der Uhr	110—112
5.4.2.4.	Umgang mit Flächen	112—113
5.5.	Kognitive Förderung im Lebenskundlichen Bereich und im Bereich der Sprache	114

	Inhalt	Seite
6.	Zusammenfassung	115
7.	Anlagen	116–150
7.1.	Definition der Behinderung vom Weltgesundheitsamt	116–118
7.2.	Die Rechte des Kindes, Erklärung der Vereinten Nationen vom 20. Nov. 1959	119–120
7.3.	Erklärung der Vereinten Nationen über die Rechte der Behinderten vom 9. Dez. 1975	121–122
7.4.	Werden die Rechte geistig Behinderter beachtet? Kongreßbericht. 7. Weltkongreß der ILSMH über geistige Behinderung	123–131
7.5.	Das Grundgesetz für die Bundesrepublik Deutschland	132–133
7.6.	Verfassung für das Land Nordrhein-Westfalen	134–136
7.7.	Gesetz über die Schulpflicht im Lande Nordrhein-Westfalen	137–144
7.8.	Verfahren bei der Aufnahme in Sonderschulen und beim Übergang von Sonderschulen in allgemeine Schulen (Sonderschul-Aufnahmeverfahren – SAV vom 20.12.1973)	145–147
7.9.	Aufnahme Schwerstbehinderter in Sonderschulen	148–150
8.	Literaturverzeichnis	151–154
9.	Medienverzeichnis	155

1. Vorwort

In diesem Buch soll eine systematische Förderung geistigbehinderter Kinder und Schüler im kognitiven Bereich dargestellt werden. Im Sinne von Heinz Bach handelt es sich um die Sinnes- und Verstandeserziehung unter Einschluß der Einführung in den Umgang mit der Schrift, den Zahlen und den Größen. Es werden also auch Aussagen zu dem Leselernprozeß bei geistigbehinderten Schülern und zu dem Rechenunterricht gemacht, in dem es um die Zahlbegriffsbildung und um die Ziffernkenntnis geht. Dabei wird auch der Umgang mit den Maßen, den Gewichten und der Uhr einbezogen. Schließlich folgen Hinweise, wie auch der Unterricht in der lebenskundlichen Orientierung und in der Sprache Förderungen im kognitiven Bereich sind.

Prof. Dr. phil. Rudolf Pohl

2. Wesen und Bedeutung der kognitiven Förderung

„In der Stunde der Geburt erblickt ein neuer Mensch ‚das Licht der Welt', wie der Volksmund sagt, obwohl es durchaus fraglich ist, wieweit das Kind in diesem Augenblick das Licht schon wahrnimmt, von einem ‚Blicken' kann jedenfalls keine Rede sein. So führt diese Redensart mitten in unser Problem: „Wie erschließt sich der Mensch die Wirklichkeit, in die er hineingeboren wird?" (*Kerstiens,* S. 7)

Dieser Frage werden wir bis in alle Einzelheiten nachgehen und dabei die Schwierigkeiten berücksichtigen, die sich bei dem geistigbehinderten Kinde ergeben. Indem wir dem Kind helfen, daß ihm die Welt erschlossen wird, fördern wir auch seine kognitive Entwicklung. Es ist ein wechselseitiger Prozeß, der sich zwischen dem Ich und der Welt abspielt. In dem Maße, wie ich dem Kind helfe, sich ein Stück Welt zu erschließen, wozu sowohl die dingliche Umwelt als auch die personale Mitwelt gehören, in demselben Maße helfe ich dem Kinde, sich selbst zu erschließen, helfe ich dem Kinde bei dem Prozeß seiner Persönlichkeitsentwicklung (siehe Bd. 20, Meyer, Erschließung des Ich).

Bevor wir uns jedoch mit den Handlungsfeldern und Maßnahmen, also mit den pädagogischen Fragestellungen beschäftigen, sollten wir einige Überlegungen zu dem Lebewesen anstellen, um das wir uns bemühen. Dieser Mensch ist, ganz gleich, wie stark auch seine Beeinträchtigungen sein mögen, ein Mensch mit seiner Würde und mit seinen Lebensrechten, wie sie ihm in der Erklärung der Vereinten Nationen über die „Rechte des Kindes" vom 20. November 1959 zugesichert sind, wenn es u. a. heißt, daß das Kind, das körperlich, geistig oder sozial behindert ist, die besondere Behandlung, Erziehung und Fürsorge erhalten soll, die seine Lage erfordert (siehe Anlage 1). In der „Erklärung der Vereinten Nationen über die Rechte der Behinderten" vom 9. Dezember 1975 (Anlage 2) und in der „Deklaration der „Rechte geistig Behinderter" vom 20. Dezember 1971 werden diese Aussagen weiter präzisiert (Anlage 2). Auf dem 7. Weltkongreß der Internationalen Liga von Vereinigungen für Geistigbehinderte (International League of Societies for Mentally Handicapped, ILSMH, Anlage 3) sind diese Rechte kommentiert worden. Auch in dem Grundgesetz der Bundesrepublik Deutschland vom 23. Mai 1949 heißt es: „Die Würde des Menschen ist unantastbar." „Jeder hat das Recht auf freie Entfaltung seiner Persönlichkeit." (Siehe Anlage 4.)
In der Verfassung des Landes Nordrhein-Westfalen vom 28. Juni 1959 ist zugesichert, daß jedes Kind einen Anspruch auf Erziehung und Bildung hat. Es ist unnötig zu sagen, daß die Verfassung auch für behinderte Kinder gilt. (Siehe Anlage 5.) Deshalb macht das „Schulpflichtgesetz" eingehende Ausführungen zur Beschulung Behinderter (siehe Anlage 6).
Die Aufnahme in Sonderschulen ist durch einen Erlaß vom 20.12.1973 in NRW geregelt (siehe Anlage 7).
Über die Aufnahme Schwerstbehinderter in Sonderschulen ist im Jahr 1978 ein besonderer Erlaß durch den Kultusminister in NRW herausgegeben worden (siehe Anlage 8).

Der neugeborene Mensch ist Person, er ist ein Einzelmensch, der sich unverwechselbar von anderen Menschen abhebt, nicht nur in seinem Krankheitsbild und seiner Unvollkommenheit und Beeinträchtigung. Er ist nicht erst Mensch bei seiner Geburt, sondern bereits von dem Augenblick an, in dem sich die weibliche Eizelle mit der männlichen Eizelle zu einer neuen Zelle, zu einem neuen werdenden Menschen, vereinigt. Aus dieser Auffassung ist die Problematik des § 218 entstanden, die ausführlich in dem Band 14 „Sozial- und Sexualerziehung Geistigbehinderter" behandelt werden soll.

Nach der Geburt muß sich dieses menschliche Wesen noch einem langen Prozeß unterziehen, bis es sich selbst in der Welt verwirklicht hat. Diesen Prozeß des menschlichen Werdens zwischen Ich und Welt nennt man Bildungsprozeß, zu dem der Heranwachsende auch die Hilfe der Gleichaltrigen und Erwachsenen braucht, und „am Ende dieses Prozesses steht der gebildete Mensch, d. h. der Mensch, der in seinen Erkenntnissen, seinem Können, seiner Haltung bereit ist, an seinem Platz verantwortlich das Seine zu tun, sich in seiner Situation der Wirklichkeit angemessen zu verhalten." (*Kerstiens*, S. 8)

Unsere Aufgabe wird es sein, nunmehr zu überlegen, wie wir diesen Prozeß des Werdens, den Bildungsprozeß, bei den geistigbehinderten Kindern in Gang setzen, um ihn in der Schule bis zu einem gewissen Abschluß zu bringen.

Es ist einsichtig, daß dieser Bildungsprozeß erst dann ein Ende findet, wenn die Person erlischt; denn solange der Mensch lebt, verändert er sich, und ebensosehr verändert sich auch die Wirklichkeit, die den Menschen umgibt.

Das Wesen der kognitiven Förderung besteht also darin, dem geistigbehinderten Kinde und Schüler zu helfen, sich die Welt zu erschließen, um damit zugleich auch seine Ich-Entwicklung zu fördern. Die Bedeutung der kognitiven Förderung ist darin zu sehen, daß durch die Welterschließung und die Ich-Erschließung der Mensch zu seiner Persönlichkeit findet, zu seinem vollen Menschsein gelangt, ganz gleich, wie stark bei diesem wechselseitigen Prozeß die Beeinträchtigungen sind.

Was gehört nun zur kognitiven Förderung?
Das lateinische Eigenschaftswort „kognitiv" heißt übersetzt „erkenntnismäßig", auf die Erkenntnis bezogen. „Eine Erkenntnis", so ist dem „Psychologischen Wörterbuch" von Dorsch zu entnehmen, „ist das sichere, nachweislich der Wirklichkeit entsprechende Wissen um einen Sachverhalt. Auch der Vorgang des Wahrnehmens und Denkens, der zum Wissen von einem Sachverhalt führt. Alles Erkennen ist zugleich Zurückführen eines Unbekannten auf ein Bekanntes." (*Dorsch*, S. 91) Hier empfangen wir zugleich auch einen wichtigen Hinweis für unsere Methodik.

Die kognitive Förderung bezieht sich demnach einmal auf das Wahrnehmen, dann auf das Denken, aber auch auf das Gedächtnis, auf die Sprache und schließlich auf die Fähigkeit, Beziehungen zu Personen und Dingen aufzunehmen, sie bezieht sich also auch auf den emotional-affektiven Bereich und schließlich auch auf den sozialen Bereich. Diese Förderung schließt die Bewegungserziehung selbstverständlich mit ein. Damit wird gleichzeitig sichtbar, daß eine isolierte Förderung kaum möglich ist. Der Mensch kann nur in seiner Ganzheit gefördert werden. Nur bei der *Darstellung* seiner Erziehung muß sie in Einzelbereiche aufgegliedert werden. Die Erziehung selbst vollzieht sich immer ganzheitlich und muß auch ganzheitlich angelegt werden.

3. Die Bedeutung der Früherziehung für die kognitive Förderung

Es ist natürlich nicht gleichgültig, zu welchem Zeitpunkt die kognitive Förderung einsetzt. Schon Comenius hat von der Wichtigkeit der möglichst frühen Einwirkung auf das Kind gewußt: „Die Kindheit ist der Frühling des Lebens. Da darf man keine Gelegenheit versäumen, das Gütlein des Geistes <ingenium> gut vorzubereiten. Wer eine reiche Ernte wünscht, muß sein ganzes Feld bestellen, nichts darf er unbearbeitet liegenlassen. Wie der Same im zeitigen Frühjahr ausgestreut und für die künftige Ernte — wenn nicht gar schon im vergangenen Herbst —, so muß auch der Same eines guten Lebens bereits am Anfang des Lebens gelegt werden." (*Comenius*, S. 239). Diese Forderung des bedeutenden Pädagogen wird heute aus dem Gesichtswinkel der Neurophysiologie, insbesondere der Hirnphysiologie, gestützt.

Heese teilt die Hirnentwicklung in 4 Hauptzeiträume ein:

„1. Die Zeit, in der die Nervenzellen (Neuronen) gebildet werden und sich vermehren. Das ist ein Zeitraum, der etwa mit der 15. bis 25. Schwangerschaftswoche angegeben werden kann.

2. Die Zeit, in der die Gliazellen gebildet werden. Diese Zellen bestimmen den Umfang der Neuronen und sind deshalb wichtig für deren normale Funktion. Die Bildung solcher Gliazellen geschieht zwischen der 28. Schwangerschaftswoche und dem Ende des 1. Lebensjahres.

3. Ungefähr zur gleichen Zeit, in der die Bildung der Gliazellen beginnt, kommt ein weiterer Prozeß in Gang, die Differenzierung der Neuronen. Dieser Vorgang ist vielleicht der entscheidende für die spätere Leistungsfähigkeit des Gehirns. Er beginnt etwa in der Zeit der Geburt, und er ist mit dem Beginn des 4. Lebensjahres im wesentlichen beendet. Zum „Pensum" dieser Zeitspanne folgendes: Die Nerven wachsen zu ihren Endorganen aus. Die Nervenzellen bilden Synapsen aus; d. h. sie schaffen sich die Möglichkeit für Kontakte. Eine enorm hohe Zahl von Synapsen von Nervenzellen untereinander gestattet es dem Nervensystem, seiner Aufgabe gerecht zu werden: Informationen aufzunehmen, zu verarbeiten, sie gespeichert verfügbar zu halten und auf Abruf herauszugeben.

4. Die vierte Phase macht die Nervenfasern funktionsfähig: sie erhalten Isolierscheiden; man nennt diesen Vorgang Myelisation. Erregungsimpulse können jetzt ohne Gefahr von „Kurzschlüssen" neutral transportiert werden. Das beginnt mit der Geburt und dauert intensiv bis zum 6. Lebensjahr, und es klingt etwa im 15. Lebensjahr aus." (*Heese*, S. 12 ff.)

Pechstein berichtet, daß im ersten Lebensjahr das Kind die Hälfte der gesamten Hirnsubstanzzunahme aufweist, am Ende des dritten Lebensjahres 80 % des gesamten postnatalen Lebens. Von der Geburt bis zum Ende des 6. Lebensmonats verdoppelt sich das Hirngewicht. An diesem Wachstumsprozeß sind die phylogenetisch jüngsten Hirnpartien am stärksten beteiligt, wobei noch zu bemerken ist, daß sich durch die Furchung noch eine Vergrößerung der Hirnrinde ergibt. Die Vergrößerung der Oberfläche des Gehirns ist also stärker als nach der Volumenzunahme zu erwarten wäre. Diesem Hirnwachstum entspricht eine geradezu stürmische Entwicklung in den ersten drei Lebensjahren von einem nahezu hilflosen, ganz auf Pflege angewiesenen Lebewesen, das allem Anschein nach noch ohne geistige Regung daliegt, zu einem Menschenkind, das eine menschliche Sprache spricht, Urteile fällt, Schlüsse zieht, eine primitive Weltanschauung gewonnen und ein erstes Verhältnis zu Gut und Böse gewonnen hat. Es ist gewiß nicht verwegen, wenn man hier Beziehungen zwischen dem Hirnwachstum und der kindlichen Entwicklung annimmt. Diese Gehirnentwicklung ist nicht und nicht allein die Folge von Reifungsvorgängen, sondern auch von Umwelteinflüssen, die ja die Synapsenbildung vorantreiben und dadurch vielfältige Schaltbildungen im Hirn bewirken.

Wie ist aber die Situation bei einem hirngeschädigten Kind, bei einem Kind mit Hirnverletzungen oder mit Hirnschädigungen durch Infektionskrankheiten oder durch Ernährungsstörungen oder auch durch andere Ursachen? Um hier eine zutreffende Antwort geben zu können, sollen kurz die Theorien zur Hirnfunktion dargestellt werden.

Da ist zunächst die *Lokalisationstheorie*. Die Anhänger dieser Auffassung gehen davon aus, daß bestimmte Funktionen wie Sprechen, Hören, Sehen, Schmecken, Lesen, aber auch Mitleid, Kampfeslust, Kindesliebe usw. an bestimmten Stellen im Gehirn lokalisiert sind. Nun zeigte aber die Beobachtung, daß nach der Zerstörung dieser Hirnzentren die Funktion manchmal voll erhalten blieb, manchmal fiel die Funktion aus und andere dazu. Deshalb wird die Lokalisationstheorie in dieser ungenauen Form in Frage gestellt. Heute weiß man, daß für jede willkürliche Bewegung bestimmte Zentren von besonderer Bedeutung sind. Von dort aus werden Impulse übermittelt. Je höher ein Lebewesen entwickelt ist, das ist z. B. der Mensch gegenüber dem Tier, um so mehr solcher einzelnen Reizpunkte lassen sich in der Hirnrinde feststellen. Reizt man nun bestimmte Stellen, werden ganz bestimmte Bewegungen ausgelöst. Der entsprechende Hirnbezirk arbeitet aber immer mit anderen Hirnbezirken zusammen. Er ist mehr ein *Knotenpunkt*, der wichtig ist, aber dessen Funktion von anderen Stellen vikarisierend übernommen werden kann. (Schütz-Rothschuh, S. 267 f.) Die Lokalisationstheorie besagt also heute, daß eine bestimmte Funktion nicht von einem eng umgrenzten Raum des Hirns gesteuert wird, sondern man geht von einer mehr dynamischen Auffassung aus, die besagt, daß ein bestimmter Teil des Hirnes bevorzugt für bestimmte Funktionen zur Verfügung steht. Bei Verletzung dieses Teiles *kann* die Funktion aber auch von einem umgebenden Hirnteil übernommen werden. Diese Stellvertretung nennt man auch Vikarianz.

Nach dieser *Vikarianztheorie* können also andere Hirnteile die Aufgaben zerstörter Hirnteile übernehmen, was natürlich nicht immer der Fall ist. Es kommt dabei auf die Schwere der Störung an, d. h. auf die Intaktheit der Zentren und der Pyramidenbahnen und auf die rechtzeitige Inanspruchnahme von intakten Hirnzellen zu den Zentren hin. Wir können daraus auch erkennen, daß wir einem Individuum um so eher helfen können, je früher wir mit der Hilfe beginnen.

In diesem Zusammenhang mit den *Wiederherstellungstheorien* ist häufig von „Bahnungen" oder „Umbahnungen" die Rede. Gemeint ist damit, daß von außen häufig Impulse gegeben werden, die zu neuer Synapsenbildung führen. Das geschieht auf den afferenten Bahnen, also den Bahnen, die von der äußersten Reizaufnahmestelle zum Zentralnervensystem führen. Diese Reize müssen stark, häufig und auf allen Sinnesgebieten angeboten werden. Wenn das Kind fähig ist, Einzelreize wahrzunehmen, kann man zu „intermodaler Wahrnehmung" übergehen, indem man das Kind über mehrere Sinneskanäle gleichzeitig anspricht, indem man ihm z. B. einen Gegenstand zeigt, mit dem man ein Geräusch erzeugt hat usw. Hier entdecken wir die physiologische Grundlage des alten pädagogischen Prinzips des Aufnehmens mit allen Sinnen. Diesem „Bahnungs-" oder „Afferenzprinzip" ist das „Reafferenzprinzip" zuzuordnen, das besonders einsichtig in der Bewegungserziehung dargestellt werden kann. Bei jeder willkürlich oder reflektorisch ausgelösten Bewegung werden die Reize über die afferenten Bahnen zum Zentralnervensystem geleitet und von dort zum Erfolgsorgan zurückgesandt, d. h. eine passive Bewegung der Arme oder Beine oder eine Auslösung des Kniesehnenreflexes oder des Greifreflexes führt dazu, daß die Bewegung allmählich selbständig ausgeführt werden kann. Das „Afferenz-" und das „Reafferenzprinzip" führt also von der passiven Bewegung zur aktiven Bewegung. Wichtig ist dabei, daß diese Bewegungen häufig und daß immer dieselben Bewegungen durchgeführt werden.

„Wir dürfen nicht vergessen, daß diese Reize (gemeint sind die passiv durchgeführten oder reflektorisch ausgelösten Bewegungen, d. V.) von der Peripherie über die afferenten Wege zum Zentralnervensystem zugeleitet werden. Und diese peripheren Nervenbahnen sind nicht gestört. Was bei dem Neugeborenen oder dem jungen Säugling gestört ist, sind nicht die ‚Zubringerstraßen', sondern der ‚Rangierbahnhof'. Durch die Aktivierung eines physiologischen Bahnungssystems wurden einige Schaltsysteme im zentralen Nervensystem in Gang gesetzt, angeschlossen, normalisiert. Und so werden manche Regulationskreise, die früher ausgeschaltet waren, angeschlossen." (*Vojta,* 1981, S. 293) Auf diesem Prinzip beruhen übrigens die physiotherapeutischen Maßnahmen von Bobath, Vojta und Doman.

Man kann ferner aus *humangenetischer Sicht* zum Problem der Früherziehung Stellung nehmen. Die Frage, ob die Erbanlagen oder die Umweltkonstellation sich auf das Leistungsverhalten des Individuums auswirken, ist sicher falsch gestellt. Es ist vielmehr so — und das haben auch die vorherigen Ausführungen gezeigt —, daß Erbanlagen oder spätere Schädigungen *und* Umweltwirkungen gemeinsam ihren Anteil an der Verwirklichung der Persönlichkeit haben. Wie groß der Anteil jeweils ist, hängt nicht zuletzt von unseren eigenen Bemühungen ab.

Schließlich ist die Bedeutung der Früherziehung für die kognitive Förderung aus der Sicht der *Psychologie* zu erörtern. Einen wichtigen Beitrag haben zu dieser Frage Wolfgang und Susanne Moog geleistet. Sie haben in ihrem Buch über „Die entwicklungspsychologische Bedeutung von Umweltbedingungen im Säuglings- und Kleinkindalter" eine Fülle von Untersuchungen vorgelegt.

Beide Autoren übernehmen zunächst den Begriff der Entwicklungshemmung von Hanselmann, obwohl sie ihn nicht für angebracht halten, weil er den Eindruck hervorrufe, daß diese Hemmung immer auch beseitigt werden könne, was ja nicht der Fall ist. Entwicklungshemmungen können auch irreversibel sein.

Nach Hanselmann entstehen Entwicklungshemmungen durch Störung der „Aufnahme" von Entwicklungsreizen
durch Störung der „Verarbeitung"
durch Störung der „Ausgabe".

Milieubezogene Mangelzustände werden mit dem Begriff *„Deprivation"* umschrieben und beziehen sich auf einen Mangel an sensorischer, emotionaler und sozialer Stimulation. Dazu gehören auch Einschränkungen in der motorischen Aktivität. Dadurch wird die Entwicklung der Intelligenz und auch der Persönlichkeitsentwicklung beeinträchtigt. Bowlby spricht in diesem Zusammenhang einmal von „maternal deprivation" und meint damit diejenigen Entbehrungen, die ein Kind durch die dauernde Trennung von der Mutter erlebt und eine Ersatzmutter nicht zur Verfügung steht, zum anderen spricht er von „masked deprivation" und meint damit jene Situationen, in der zwar die Mutter für das Kind da ist, ihre Zuwendungen zu ihrem Kind aber unzureichend sind. Hier wird auch ein subjektives Moment sichtbar. Das eine Kind braucht eben mehr „Streicheleinheiten" — ein Ausdruck von Hellbrügge — als ein anderes Kind.

Die Deprivationsphänomene zeigen sich in verschiedenen Abstufungen, die mit den Zuwendungen und mit dem Erleben des Kindes zusammenhängen. Die Reversibilität von Deprivationsfolgen sind abhängig von der Dauer der Mutterentbehrung, dem Alter des Kindes und dem Grad des Erlebens beim Kinde. Bei sehr früher und dauerhafter Mutterentbehrung können Entwicklungsschäden nur ausgeglichen werden, wenn die Kinder jünger als etwa 10 Jahre alt sind und die Mutterentbehrung aufgehoben wird. In einem späteren Alter sind die emotionalen Schäden irreparabel. Die Kinder behalten eine gewisse Bindungslosigkeit und soziale Schwäche. Die Mutterentbehrung kann natürlich auch zu noch negativeren Schäden führen, etwa zu Aggressionen jeglicher Art. Die Bindungsschwäche der Kinder wirkt sich nicht nur auf die personale Mitwelt aus, sondern auch auf die sachliche

Umwelt, so daß eine intensivere Auseinandersetzung mit der gegenständlichen Welt nicht oder nur eingeschränkt stattfindet.

Andererseits darf die Mutter—Kind—Verbindung nicht zu eng und zu dauerhaft sein, sonst tritt ebenfalls eine Entwicklungsverzögerung ein. Wenn das Kind zu spät ein Bewußtsein seines eigenen Körpers erfährt, ist später auch die Differenzierung der umgebenden Welt erschwert.

Witkin stellte einer Gruppe von Kindern die Aufgabe, einfache Figuren herauszusuchen, die in ein komplettes Muster eingebettet waren. Kinder, die Gelegenheit hatten, sich von der Mutter abzusetzen, lösten die Aufgabe häufiger und leichter als jene Kinder, bei denen dieser Vorgang durch das Verhalten der Mutter erschwert war.

Ähnlich unterschiedlich war auch das Verhalten zur Autorität. Kinder, deren Ablösung von der Mutter sich langsamer vollzog, waren wesentlich abhängiger und leichter beeinflußbar als andere.

Das folgende Zitat faßt die Ergebnisse der zahlreichen Untersuchungen zusammen: „So glauben wir z. B., daß die frühen Interaktionen zwischen Mutter und Kind in bezug auf den kindlichen Körper für die Entwicklung der uns interessierenden Dimensionen entscheidend sind. Wir sehen dabei die Art des Ausmaßes des Kontaktes von Körper zu Körper zwischen Mutter und Kind als besonders wichtig an. Ein bestimmtes Maß und eine bestimmte Art des Kontaktes und des Umganges ist zweifellos für die Entwicklung eines artikulierten Körperschemas wichtig. Wenn aber das Bedürfnis einer Mutter nach solchem Körperkontakt stark ist und auch ihr Kind solchen Kontaktes besonders bedarf, kann sich die körperliche Einheit verlängern und so die Separation aufgeschoben werden." (*Witkin*, 1972, S. 321)

4. Entwicklung der kognitiven Fähigkeiten

Zu den Aufgaben des Menschen gehört es, sich die Umwelt und die Mitwelt zu erschließen. Dafür stehen ihm die Sinnesorgane zur Verfügung. Augen, Ohren, Nase, Zunge, ja die gesamte Körperoberfläche vermitteln dem Menschen Empfindungen und Wahrnehmungen. Daraus entsteht dann die Außenwelt.

Das Universum selbst besteht aus Atomen und Molekülen, die sich ständig in Bewegung befinden und dadurch Schwingungen und Strahlen erzeugen. Diese Atome, Moleküle, Schwingungen und Strahlungen selbst haben weder eine Farbe noch einen Geruch oder einen Geschmack. Erst durch unsere Wahrnehmungsorgane werden die Substanzen um uns zu Dingen. Erst durch unsere Sinnesorgane wird die Welt um uns farbig und tönend, duftend und schmackhaft, warm oder kalt, rauh oder weich.

Der Mensch nimmt mit seinen Sinnesorganen nicht das gesamte Universum wahr, sondern nur einen bestimmten Ausschnitt aus der ihn umgebenden physikalischen Welt. Kosmische Strahlen oder Ultraschälle existieren zwar objektiv, aber nicht in der subjektiven Welt des Menschen. Viele Tiere können höhere Frequenzen wahrnehmen, z. B. die Hunde, die noch dazu über empfindlichere Geruchsorgane verfügen, andere Tiere, z. B. die Greifvögel können auf weitere Entfernungen schärfer sehen als der Mensch, sie verfügen also über einen weiteren Bereich der optischen Wahrnehmung. Sie machen deshalb andere Erfahrungen als der Mensch, die objektive Welt erscheint anderen Lebewesen subjektiv anders.

Es kommt noch etwas anderes hinzu. Die Dinge der Umwelt haben für verschiedene Lebewesen jeweils eine andere Bedeutung. Ein Buch, ein Tisch, ein Stuhl haben für einen Hund oder für eine Fliege oder für einen Wurm eine ganz andere Bedeutung als für den Menschen. Die verschiedenen Lebewesen haben jeweils ganz verschiedene Welten, worüber Jakob von Uexküll in seinem Buch „Streifzüge durch die Umwelten von Tieren und Menschen", Hamburg 1956, sehr interessante und lesenswerte Ausführungen gemacht hat. Aber auch die Menschen untereinander leben in ganz unterschiedlichen Welten. Bei dem Kaufmann ruft der Wald z. B. andere Gefühle und Gedanken hervor als bei dem Förster, bei dem Philosophen oder bei dem Soldaten. „Die ‚subjektive Wirklichkeit' besteht nur aus unseren bewußten Erlebnissen. Sie unterscheidet sich sehr beträchtlich von der objektiven Wirklichkeit; nicht nur dadurch, daß sie Eigenschaften aufweist, die in der objektiven Wirklichkeit überhaupt nicht vorkommen — wie die Farben, Töne, Gerüche usw. —, sondern besonders dadurch, daß sie einzig und allein von dem Menschen, der sie erlebt, festgestellt werden kann, denn sie besteht ja ausschließlich aus Bewußtseinsvorgängen. Die subjektive Wirklichkeit eines Menschen kann man nicht von außen her untersuchen; man weiß darüber nur, was die einzelnen Menschen davon berichten. Aber jeder kennt sie aus eigener Erfahrung; sie ist für alle viel ‚wirklicher' als die Welt der Atome und Schwingungen." (*Rohracher*, S. 101)

Noch ein Wort zu dem Problem Reiz und Empfindung:
„Die Beziehungen zwischen Reiz und Empfindungen sind ziemlich genau erforscht. Die anatomische Grundlage aller Sinne besteht in einem Empfängerorgan (Rezeptor), von welchem eine Nervenleitung in das Gehirn führt. Durch den ‚Reiz', also durch Molekülbewegungen oder durch mechanische oder elektromagnetische Schwingungen wird in dem Empfängerorgan, also in den Netzhäuten der Augen, den Hörzellen der Ohren, den Tastkörperchen der Haut usw. eine Veränderung erzeugt; diese Veränderung löst in den Ganglienzellen der Rezeptoren eine ‚Erregung' aus, die durch Nervenfasern in das Gehirn geleitet wird. Im Gehirn gibt es für jedes Sinnesorgan eine Endstation oder ein ‚Zentrum', die die eigentlichen Entstehungsorte der Empfindungen darstellen. Im einzelnen ist der anatomische Aufbau der verschiedenen Sinnesapparate, vor allem der Rezeptoren, recht verschieden. Davon ist bei der gesonderten Behandlung des Sehens, Hörens, Tastens usw. zu sprechen. Nach der Art der Reize, für welche das Empfängerorgan eines Sinnesapparates empfindlich ist, hat die Physiologie folgende Grundeinteilung der Sinnesrezeptoren getroffen: Photorezeptoren (empfindliche Lichtreize), Phonorezeptoren (empfindliche Schallreize), Chemorezeptoren (für chemische Reize) und Tangorezeptoren (für Berührung, Druck und Stoß), Thermorezeptoren (für Temperaturen) und Statorezeptoren (für das Gleichgewicht). Diese Einteilung wird im folgenden trotz ihrer Vorzüge — sie macht den Streit um die Zahl der Sinne überflüssig — nicht beibehalten, weil sie sich nur auf die Rezeptoren und Reize bezieht; die Psychologie hat die Empfindungen und Wahrnehmungen zu behandeln, die Welt des Lichtes und der Farben, des Schalls, des Geruchs und die Welt der Dinge, die wir berühren, die warm oder kalt sind, schwer oder leicht, und die Welt, in welcher wir uns der Schwerkraft entsprechend bewegen." (*Rohracher, S. 103 ff.*)

Noch eines wollen wir uns merken: „Für die Sinnes-Systeme, d. h. für den Rezeptor und die dazu gehörenden Gehirnzentren, gilt ein allgemeines Gesetz, das der deutsche Physiologe Johannes Müller 1827 unter dem — sehr unklaren — Namen ‚Gesetz der spezifischen Sinnesenergie' formuliert hat: Jedes Sinnes-System erzeugt ausschließlich seine spezifische Art von Empfindungen, unabhängig von der Art des Reizes. Ein Schlag auf das Auge, ja schon die mechanische Reizung der Netzhaut durch kräftiges Niesen, erzeugt immer nur Lichtempfindungen, und ebenso die elektrische Reizung." (*Rohracher, S. 104*)

Schließlich sei noch auf den Zusammenhang von Empfindung und Wahrnehmung hingewiesen. Reine Empfindungen muß sich der erwachsene Mensch erst mühsam rekonstruieren; unmittelbar erleben kann er sie kaum. Wenn auch jeder Reiz, der ein Sinnesorgan trifft, eine Empfindung hervorruft, so wird doch diese Empfindung niemals allein bewußt, sondern immer nur in Verbindung mit anderen Empfindungen und vor allem mit den Veränderungen, welche die Erfahrung an ihr bereits vorgenommen hat. Wir stellen also fest, daß die Sinnesorgane in uns Empfindungen erzeugen, die sich mit den bisherigen Erfahrungen zu Wahrnehmungen verbinden, aus denen sich unsere Außenwelt aufbaut. (*Rohracher, S. 115 ff.*)

Die Einordnung der Empfindungen in die allgemeine Erfahrung geschieht im allgemeinen unbewußt. Das folgende Beispiel soll uns zeigen, wie es von einer Empfindung zu einer Wahrnehmung kommt: „Wenn das Kind einen Apfel sieht, so ist er — vermutlich — die ersten Male nichts anderes als ein gelblich-rötlicher Flecken; er muß betastet werden und dabei gesellt sich die Empfindung des Rundlichen und Glatten zu derjenigen des Gelblich-Roten. Dann wird er in den Mund gesteckt; neuerlich entstehen die Empfindungen ‚glatt' und ‚rundlich', ferner ‚hart', und beim Abschlecken ‚geschmacklos'. Hat sich dies mehrere Male wiederholt, so ist der Apfel für das Kind nicht mehr nur ein gelblich-rötlicher Fleck, sondern bereits ein ‚Ding', mit dem es allerdings nichts anzufangen weiß; es hat in der Welt des Kindes noch keine ‚Bedeutung'. Bekommt es einen geschälten Apfel in die Hand, so ist dieser nach der Untersuchung durch Tasten und durch den Mund zunächst einmal ein ganz neues Ding, das zu dem früher untersuchten keine Beziehung hat: es ist durch die Empfindungen ‚rundlich', ‚feucht', ‚abnagbar', ‚süß' charakterisiert. Erst wenn es uns einmal gelungen ist, einen Apfel mit Schale anzubeißen und festzustellen, daß dadurch aus ihm das ‚Feuchte' und ‚Süße' wird, wird aus den zwei Dingen ein einheitliches ‚eßbares' Ding. Damit ist in der Welt des Kindes der Apfel entstanden — ohne daß es einen Namen dafür hat, weiß es nun, was ein Apfel ist; der runde, gelb-rote Fleck hat eine bestimmte ‚Bedeutung' in der Welt des Kindes bekommen. Von nun an kann es nie mehr im Leben beim Sehen des Apfels nur die wenigen Empfindungen haben, die es beim ersten Anblick hatte; treten die Empfindungen auf, welche durch seine Wirkung auf die Netzhäute erzeugt werden, so vereinigen sie sich sofort zu dem ganzen Komplex von Seh-, Tast- und Geschmacksempfindungen, der die Wahrnehmung ‚Apfel' ausmacht. Dies mag im Anfang sogar mit Bewußtsein geschehen; die einzelnen Komponenten werden vielleicht erst nach und nach aus der Erinnerung zusammengeholt — wir wissen darüber nichts Sicheres. Hat sich dieser Prozeß mehrere Male wiederholt, so vollzieht er sich unbewußt; die Erregungsprozesse im Gehirn spielen sich bereits unter geänderten Verhältnissen ab, die beteiligten Gangliensysteme sind bereits für ihr Zusammenspiel ‚spezialisiert'. Der Apfel kann nicht mehr reine Empfindungen erzeugen, sondern er wird sofort als Apfel *wahrgenommen.*" (*Rohracher*, S. 113 ff.)

Diesen Apfel kann das Kind nun zu verschiedenen Tageszeiten von allen Seiten und aus verschiedenen Blickwinkeln betrachten, so daß immer wieder ein anderes Netzhautbild erzeugt wird. Dennoch bleibt für das Kind ohne weiteren Lernvorgang dieser Apfel immer ein Apfel. Das ist das bekannte *Konstanz-Phänomen*, das sich aber auch zeigt, wenn dasselbe Netzhautbild entsteht, und zwar einmal durch eine weit entfernte Kirche und einmal durch eine Spielzeugkirche aus kürzerer Entfernung. Auch hier ist für das Kind unmittelbar eindeutig, daß es sich einmal um eine Kirche in großer Entfernung und ein anderes Mal um eine Spielzeugkirche in kürzerer Entfernung handelt.

4.1. Entwicklung der Erkenntnisprozesse nach Metzger

Wir beginnen hier mit denjenigen Sinnen, die phylogenetisch früher liegen. Es gibt viele Lebewesen, die nicht hören und nicht sehen können, und es gibt in der Tierwelt, ja sogar in der Pflanzenwelt Lebewesen, die auf Berührungsreize reagieren. Wir können also davon ausgehen, daß Berührungssinne oder überhaupt die sogenannten Nahsinne phylogenetisch und auch ontogenetisch früher liegen als die sogenannten Fernsinne oder höheren Sinne.

Stirnimann hat die Reaktionen neugeborener Kinder geprüft und dabei folgende Erfahrungen gemacht:
Die Haut enthält, wie wir weiter oben gezeigt haben, Tangorezeptoren, Rezeptoren also für Berührungs-, Druck-, Wärme-, Kälte- und Schmerzempfindungen. Schon am ersten Lebenstag reagierten sehr viele Kinder, wenn man sie mit einem Tastpinsel an der Fußsohle, an den Augenbrauen, am Naseneingang, an der Stirn und an den Lippen berührte, sie waren weniger empfindlich, wenn ihnen die Wange, die Handfläche oder der Unterschenkel bestrichen wurden. Beim Streicheln auf der Brust, auf den Handrücken und auf den Fußrücken reagierte kein Kind. Tastempfindungen traten an und um den Mund auf, bevor die erste Nahrungsaufnahme stattgefunden hatte. Sehr wichtig zu wissen ist, daß mehr Kinder reagierten, wenn sie mit dem Finger und nicht mit dem Pinsel berührt wurden. Das gilt auch für die Auslösung des Greifreflexes. Wenn der Experimentator einen Finger in die Hand legte, wurde der Greifreflex häufiger ausgelöst, als wenn er eine kleine Walze dazu benutzte.

Auch auf Druckberührungen reagierten nahezu alle Kinder. Die meisten Reaktionen wurden beobachtet, wenn der Druck auf die Stirn und auf die Wangen erfolgte.

Auf Wärme- und Kältereize reagierten ebenfalls nahezu alle Kinder. Bei Wärmeempfindungen wandten sich die Kinder zur Wärmequelle hin, bei Kälteempfindungen herrschte Abwehr vor.

Auch der Geschmackssinn ist schon bei den Neugeborenen vorhanden. Die Qualitäten süß, sauer, salzig und bitter werden von den Neugeborenen empfunden und auch auseinandergehalten.

Auch auf Gerüche reagierten die neugeborenen Kinder sofort, und sie unterschieden sie auch.

Auch Schmerzempfindungen wurden am ersten Tage beobachtet, obwohl es eine Reihe von Autoren gibt, die Schmerzempfindungen in den ersten 6 Lebenswochen für ausgeschlossen halten. Neugeborene, die am ersten Tag eine Injektion empfingen, begannen schon am nächsten Tag zu weinen, wenn die Desinfektion vor der zweiten Injektion vorgenommen wurde.

Auch die Empfindung von Juckreiz und die Empfindung des Nassen ist bei den Neugeborenen nachweisbar. Beides wird von den Kindern als unangenehm empfunden.

Auch Töne vermögen Neugeborene voneinander zu unterscheiden. Es wurde sogar nachgewiesen, daß die Hörfähigkeit schon vor der Geburt vorhanden ist. Wenn man eine schwangere Frau vor einen Röntgenschirm stellt und eine Autohupe ertönen läßt, zuckt das Kind im Mutterleib zusammen. Die Kinder sind auch schon am ersten Tag in der Lage, feinere Unterschiede auf Schallreize hin zu machen. Sie reagieren anders, wenn einerseits der Arzt oder irgendeine Schwester sprechen oder wenn andererseits die Schwester spricht, die das Kind sonst füttert.

Auch das Sehen ist bei den neugeborenen Kindern schon am ersten Tag ausgebildet. Farbunterscheidungen sind schon am ersten Tage nachzuweisen. Ein buntes Gesichtsfeld ist für die neugeborenen Kinder angenehmer als ein einheitliches Gesichtsfeld. Schon wenige Stunden nach der Geburt sind manche Kinder in der Lage, Personen mit ihren Blicken zu verfolgen. Auch mäßiges Licht wird von den Neugeborenen nicht gemieden, sondern sogar gesucht. Auf dem Wickeltisch drehen sich viele Neugeborene häufig zum Fenster hin.

Auch der statische Sinn ist bei den Neugeborenen vorhanden. Eine große Anzahl von ihnen reagierte auf Fallbewegungen und auf wiegende Bewegungen.

Zusammenfassend können wir feststellen, daß bei den meisten Neugeborenen schon am ersten Tag oder in den ersten Tagen die Sinnesrezeptoren funktionieren und die Kinder in der Lage sind, Empfindungen in allen Sinnesgebieten aufzunehmen.

An dieser Stelle ist es sinnvoll, auf die Theorie der Entwicklung der primären Wahrnehmungsleistungen von Affolter hinzuweisen (*Affolter,* 1975 und 1977).
Nach Affolter lassen sich bei der Beobachtung der Entwicklung der Wahrnehmung verschiedene hierarchisch aufeinander aufbauende Stadien bestimmen. Dabei ist die jeweils „niedrigere" Phase Voraussetzung für die Entstehung der nächst „höheren", dauert zugleich aber in den nächsten Phasen fort und wird dort weiter ausgebaut. Dabei sind 3 Stufen zu erkennen:
1. Auf der ersten, der *intramodalen* Stufe, entwickeln sich die Wahrnehmungsfunktionen auf jedem Sinnesgebiet separat, d. h. unabhängig von anderen Sinnesgebieten. Jede einzelne Sinnesmodalität oder jeder einzelne Sinn wird geübt, und der Säugling nimmt die sinnesspezifischen Reize auf und „hält sie fest". So kann er bald nicht nur sehen, sondern gezielt beobachten und Gegenstände mit den Augen verfolgen. Er kann bald nicht nur hören, sondern lauschen und Geräusche lokalisieren. Affolter betont, daß

die taktil-kinästhetischen Leistungen die ersten Wahrnehmungsleistungen sind, die ausgebaut werden. Der Säugling fühlt nicht nur, sondern kommt bald zum Tasten und Festhalten. Diese taktil-kinästhetischen Wahrnehmungsleistungen sind von grundlegender Bedeutung für den Aufbau komplexer Wahrnehmungsleistungen, wie z. B. die Figur-Grund-Wahrnehmung und später für die räumliche Wahrnehmung.

2. Wenn das Kind in allen Erfahrungsbereichen genügend Erfahrungen gesammelt hat, beginnt es, diese miteinander zu verbinden. Es kommt damit in die zweite Stufe, die *intermodale Stufe*. Dabei verknüpft der Säugling zunächst seine taktil-kinästhetischen mit auditiven Wahrnehmungsleistungen, dann auch kinästhetische mit visuellen Wahrnehmungsleistungen. Schließlich verbindet er alle 3 Modalitäten miteinander. Er beherrscht die Auge-Hand-Koordination, die Ohr-Hand-Koordination, die Auge-Ohr-Hand-Koordination. Selbstverständlich beziehen sich diese Wahrnehmungsleistungen auch auf alle anderen Sinne. Der Säugling bildet also schon sehr komplexe Schemata aus und gewinnt dadurch auch erste Vorstellungen von den Objekten der Umwelt sowie erste Ordnungsvorstellungen.

3. Auf der letzten Stufe der Entwicklung primärer Wahrnehmungsfunktionen, der Stufe der *serialen Wahrnehmung*, bildet das Kind zeitliche und räumliche Relationen aus. Es erwirbt die Fähigkeit, einzelne Sinneseindrücke, und zwar sowohl von intramodaler als auch von intermodaler Art, also sowohl von ein und derselben Modalität als auch von verschiedenen Modalitäten, in der richtigen Reihenfolge zu erfassen und so komplexe Handlungsabläufe richtig wahrzunehmen und durchzuführen. Es lernt, ganze Reizfolgen zu einem Gesamteindruck zusammenzufassen und ist dadurch in der Lage, auch Handlungen nachzuahmen und eine Erwartungshaltung aufzubauen, weil es nun weiß, was bei Seriationen aufeinanderfolgt. Das ist die Zeit, in der das Kind sich freut, wenn die Vorbereitungen für einen Spaziergang beginnen. Zum Schluß sei noch einmal auf den engen Zusammenhang von Wahrnehmung und Motorik hingewiesen. Erst wenn das Kind den Kopf drehen kann, kann es Gegenstände mit den Augen verfolgen, also intramodale Wahrnehmungen machen. Erst wenn es ein Objekt ergreifen und vor seine Augen oder in den Mund führen kann, kann es diesen Gegenstand wahrnehmen und seine Eigenschaften kennenlernen. Das Kind nimmt also seine Umwelt gegliedert in dem Maße wahr, wie es in der Lage ist, diese Umwelt selbst *handelnd* zu gliedern. Allein über den tätigen Umgang mit den Gegenständen und über die Fortbewegung im Raum gewinnt das Kind seine Erfahrungen, macht es seine Lernprozesse durch. Der Bewegung kommt also zu diesem Zeitpunkt eine entscheidende Bedeutung zu.

Mit Hilfe der über die Bewegung vermittelten Wahrnehmungsaktivität erfaßt das Kind die „Permanenz" der Objekte und erlangt eine Vorstellung vom Raum und von den räumlichen Beziehungen, wichtige Voraussetzung zur Erfassung der „Wahrnehmungskonstanz" und später für das Rechnen. Die Wahrnehmungskonstanz ist jenes Phänomen, daß das gleiche Objekt aus verschiedenen Gesichtswinkeln als gleich erkannt wird, obwohl das Netzhautbild sehr unterschiedlich ist. Die Wahrnehmungskonstanz zeigt sich aber auch, wenn das Netzhautbild gleich ist, wie es bei einer Spielzeugkirche und einer weitentfernten Kirche der Fall ist. Niemals ist es dem Kind zweifelhaft, daß der eine Wahrnehmungsgegenstand eine Spielzeugkirche ist, während der andere Wahrnehmungsgegenstand trotz gleichen Netzhautbildes als eine wirkliche Kirche in großer Entfernung erkannt wird.

Während der präoperativen Periode hilft die perzeptuelle Aktivität dem Kinde, seine egozentrischen Verzerrungsbilder und Illusionen zu korrigieren, um so ein zunehmend realistischeres Bild von der Umwelt zu erhalten. Gegen Ende dieser Periode gelangt das Kind dann zu der Erkenntnis von der Unveränderlichkeit von Masse, Zahl, Gewicht und Volumen, d. h. es weiß, daß diese Dinge trotz äußerer Veränderung eigentlich „unverändert" bleiben. Die Anzahl der Knicker bleibt gleich, ungeachtet der Tatsache, daß sie in einem schmalen Gefäß eine ziemliche Höhe erreichen, in einem breiten Gefäß aber nur eine geringe Höhe.

Mit zunehmendem Alter verliert sich die Abhängigkeit der Erkenntnisse von der Wahrnehmungsfunktion. Zur Zeit der konkret operativen Periode wird die Wahrnehmung zunehmend unter die Herrschaft der Intelligenz gestellt, die nun die Wahrnehmungsergebnisse beeinflußt. Das wird darin sichtbar, daß der Schüler sich sein Urteil nicht mehr dadurch bildet, daß er z. B. die Anzahl der Knicker in einem Gefäß *nur* auf die Höhe oder nur auf die *Breite* bezieht, sondern daß es ihm nunmehr gelingt, Höhe *und* Breite zueinander in Beziehung zu setzen und dadurch die richtige Schlußfolgerung zu ziehen.

Im folgenden soll nun näher auf die Entwicklung der Erkenntnisprozesse eingegangen werden. Wir folgen dabei Wolfgang Metzgers Darstellung in dem 3. Band des „Handbuches der Psychologie" in 12 Bänden, Göttingen 1959.

Da ist zunächst festzuhalten, daß bei den Neugeborenen die Gefahr der Reizüberflutung geringer ist als die Gefahr der Deprivation, der Gefahr also, den Kindern Reize vorzuenthalten. Das neugeborene Kind hat ein Erkenntnisbedürfnis, es ist neugierig, gierig auf Neues, es liebt komplizierte Reizkonfigurationen, und es verfällt, wenn man ihm die Reize vorenthält, wenn man es in einem homogenen Ganzfeld läßt, wenn man es in Ruhe sich selbst überläßt. Das neugeborene Kind braucht also Reize, es muß in allen Sinnen angesprochen werden. Allerdings müssen wir wissen, daß der Entwicklungsstand bei Neugeborenen sehr unterschiedlich ist. Das eine Kind vollbringt schon nach wenigen Stunden Leistungen, die bei anderen erst nach Tagen oder Wochen beobachtet werden können. Diese Leistungsfähigkeit ist einmal natürlich von dem Gesundheitszustand abhängig, aber auch ganz wesentlich von anderen Faktoren, wie Munterkeit, Schläfrigkeit,

Hunger, Sättigung, Behagen und Unbehagen. Ganz besonders aber ist die Leistungsfähigkeit abhängig von den Bedürfnissen des Kindes, von der unmittelbaren Lebenserhaltung. Deshalb reagieren Neugeborene mit dem Greifreflex eher, wenn man einen Finger in die Hand legt, als wenn man ihnen eine Walze reicht. Neugeborene reagieren eher auf die Stimme der Mutter oder der Person, die sie versorgt, als auf einfache Sinusschwingungen. Das *Lebenswichtige* hat eine größere Bedeutung für das Kind, als einfache Sinnesreizungen, die für das Kind bedeutungslos sind. Komplizierte Reizkonfigurationen sind für das Kind nicht schwerer zu bewältigen als einfache. Entscheidend ist die *Bedeutsamkeit für das Kind*.

Das Neugeborene hat ein Erkenntnisbedürfnis, das ebenso elementar ist wie die leiblichen Bedürfnisse. Es muß befriedigt werden, wenn das Kind ohne Schaden bleiben soll. Das Kind ist aufgeschlossen für Ganzeigenschaften oder Wesenseigenschaften: etwa für das Mütterliche/das Unmütterliche, oder auch für ganz einfache Strukturen: willkommen/unwillkommen.

Zu beachten sind auch einfache Figur-Grund-Verhältnisse:
„1. eine einstufige Figur-Grund-Hierarchie (keine Figur auf Figur),
2. eine einstufige Gliederungshierarchie (keine weitere Unterteilung der Figur)
3. nicht mehr als eine Figur (kein Nebeneinander von Figuren)."
(*Metzger,* S. 412 f.)

Bedürfnisbedingtheit heißt auch, daß das Kind sich nur *einem* Gegenstand zuwenden kann. Mal wird seine Sehwelt gereizt, mal seine Hörwelt, mal seine Tastwelt. Es ist ein langer Weg für das Neugeborene, bis es sich mit seiner Umwelt auseinandersetzen kann.

4.1.1. Struktur der Wahrnehmung in der Entwicklung

Die Bezugssysteme

Der Raum – die Zeit

Die Sehtiefe ist bei den Neugeborenen zunächst gering, aber schon mit drei Monaten unterscheidet das Kind zwischen erreichbar und unerreichbar. Die Raumrichtung ist auch mit sechs Monaten noch nicht fest. Für Zweijährige ist ein auf den Kopf gestelltes Bild ebenso gut erkennbar wie ein aufrechtstehendes. Viele Kinder verwechseln im Anfangsunterricht der Schule b und d und b und p, ja manche Erwachsene erkennen nicht einmal die Vertauschung von rechts und links (И und N oder Ƨ und S). Für das Vorschulkind hat der einfache Strich noch keine zweifache Grenzfunktion.

Beispiel: Das Wabenmuster

oder diese Konfiguration

wird von den Kindern folgendermaßen wiedergegeben:

   „Da sind viele kleine Kästchen oder Kreise."

Das Zeiterlebnis entwickelt sich *nach* der Raumanschauung. Vor dem 3. Lebensjahr existiert keine Zeitperspektive, wohl aber ein Sinn für Anfang und Ende. Allmählich bilden sich „Marksteine" heraus, die Mahlzeiten, die Schlafzeiten, die Sonntage, die Festtage. Mit etwa 2 Jahren wird das Wort „heute" richtig gebraucht, mit fünf Jahren kennt ein Kind die Werktage, mit sieben Jahren die Stunden, Monate und Jahreszeiten.

Die Einheiten

Hier geht es um die Frage nach den vorherrschenden Gestaltfaktoren. Für räumliche Gebilde ist der Gestaltfaktor der Nähe entscheidend. Bei der Signalbildung ist die räumlich-zeitliche Nähe Vorbedingung. Ein starkes Vorherrschen der Farbgleichheit über Größe, Form und Zahl als Gruppierungsfaktor für Zwei- bis Sechsjährige ist erwiesen. Die Gruppierung von Dingen folgt beim Kinde viel stärker als beim Erwachsenen nach der Zusammengehörigkeit in einer konkreten Situation. Erst mit dem sechsten Lebensjahr ist das Kind in der Lage, Buchstaben, obwohl einzeln durchaus erfaßbar, im Zusammenhang des Wortes herauszulösen.

Größe, Form, Teile; Ganzbedingtheit—Teilfunktionen; Gestaltergänzung

Klare Größenunterscheidungen kann das Kind mit elf Monaten vornehmen. Doch ist der Größenvergleich noch bis ins Schulalter stark von der Form und gegenseitigen Lage der Vergleichsgegenstände abhängig. Mit 6 Monaten ist das Kind in der Lage, einen Kreis von einem Viereck oder Dreieck oder Oval zu unterscheiden. Auch die Unterscheidung einfacher körperlicher Gebilde wie Ring, Schale, Kugel, Quader, Kegel und Würfel macht im neunten Monat keine Schwierigkeiten mehr. Mit 1 1/2 Jahren sind Kinder auch fähig, Kontur- und Flächenfiguren, große von kleinen, dicke von dünnen usw. zu unterscheiden.

Bis ins 2. Lebensjahr werden auch die nächsten Mitmenschen nur in dieser zugehörigen Umgebung erkannt.

Bis ins 5. Lebensjahr werden natürliche Teile von Gegenständen nur an ihrem Platz im Ganzen erkannt. Die Transponierung von größer und heller oder kleiner und größer gelingt schon dreijährigen Kindern.

Hinweise auf die Ergänzung unvollständiger Gestalten finden sich schon im 13. Monat, an Gesichtern mit 1 Jahr und 10 Monaten. Kinder in diesem Alter können in einem Gesicht also fehlende Teile wie Auge, Ohr oder Mund zeigen.

Schon im 3. Monat schauen Kinder hinter verschwundenen Gegenständen her. Mit 15 Monaten erwartet ein Kind, daß der verschwundene Gegenstand wieder herbeigeschafft wird, und mit 10 Monaten erwacht in dem Kind die Neugier, was wohl hinter der Tür verborgen ist.

4.1.2. Die Gehalte der Wahrnehmung in ihrer Entwicklung

Das Ding

Die Kinder unterscheiden zunächst nicht zwischen leblosen Dingen und lebendigen Wesen (kindlicher Animismus). Diese Eigentümlichkeit verliert sich bis zum Schulalter hin mehr und mehr und macht dem kindlichen Realismus Platz.

Das Bild und der Schein

Die Symbol- oder Zeichenfunktion — eine Voraussetzung für den Spracherwerb — ist dem Kinde etwa um das 1. Lebensjahr verfügbar. Diese Funktion ist auch die Grundlage für das Bildverständnis, das etwa um dieselbe Zeit erwacht. Es gibt Kinder, die schon mit 9 Monaten anfangen, am Bilderbuch Freude zu haben und die schon mit 10 Monaten Bildnisse als Menschen erkennen und zu Beginn des 2. Lebensjahres auch sehen, wer auf dem Bild abgebildet ist. Bis ins Schulalter hinein bleibt der Einfluß des Wunsches und die Erwartung auf die Wirklichkeit bestehen. Zwischen dem 2. und 7. Lebensjahr gibt es zahlreiche Beispiele, daß heftig Gewünschtes als gewährt betrachtet wird.

Außer den eigenen Wünschen und Erwartungen hat die Fremdsuggestion auffallenden Einfluß auf die Wahrnehmung des Kindes. Schmerzen können vom 2. bis ins 5. Lebensjahr mit Sprüchen „weggepustet" werden. Bis ins Schulalter vertraut das Kind völlig auf das Zeugnis der Sinne, und es ist der Meinung, daß es von niemandem gesehen werden kann, wenn es die Augen schließt.

Der andere Mensch (soziale Wahrnehmung)

Schon für das Neugeborene bedeutet es ein Glück, auf dem Arm oder auf dem Schoß oder an der Brust der Mutter zu sein.

In der 2. Woche hebt sich für das Kind die Stimme der Mutter von den Stimmen anderer ab. Mit 2 Monaten werden Gesichter angelächelt, aber nur dann, wenn die Gesichter von vorn gesehen werden. Mit 4 Monaten unterscheidet das Kind fremde Gesichter von bekannten, und mit 6 Monaten hat das Verlassen der Mutter bereits schwere Folgen für das Kind. Im 8. Monat beginnt meistens das „Fremdeln". Mit 3/4 Jahren verstehen manche Kinder die Bittgebärde. Sie kommen, wenn man sie anlockt, sie füttern den Erwachsenen, wenn er sich hungrig stellt. Mit 1 Jahr ruft die Gebärde des Schmerzes Äußerungen des Mitleids bei dem Kinde hervor, und das Drohen bewirkt die Einstellung einer begonnenen Handlung. Mit 1 Jahr und 9 Monaten werden schon recht feine Ausdrucksverschiedenheiten an Fotos und Zeitungen erfaßt, und in dem gleichen Alter haben die Kinder ein sicheres Gefühl, ob das Gehabe des Erwachsenen ernst gemeint oder nur gespielt ist.

Das anschauliche Ich und das Wir

Das Selbstbewußtsein beginnt mit der Kenntnis des anschaulichen Körper-Ichs. Seine Abhebung von anderen Dingen vollzieht sich schon mit dem 4. bis 5. Monat, wenn das Kind mit den eigenen Gliedern zu spielen beginnt. Schon mit 15 Monaten können Kinder ihre Körperteile lokalisieren. Vom Beginn des 2. Halbjahrs an finden sich deutlich Fälle des gehobenen Selbstbewußtseins, wenn eine neue Leistung gelingt, wenn z. B. das Kind einen ferner gelegenen Gegenstand heranzuziehen vermag oder wenn es Papier zerreißen kann oder wenn es die ersten Schritte tun kann, weisen die „siegesbewußten" Gebärden und Laute darauf hin, daß das Kind genießt, daß es selbst etwas bewirkt hat. Bis zum Ende des 1. Lebensjahres sind also die Kinder in der Lage, Selbstbewußtsein zu empfinden und zu zeigen. Mißerfolge sind so selbstverständlich, daß sie keinen Anlaß zur Bedrückung geben. Im Leistungsstolz fügt sich aber bald das Bestreben hinzu, immer selbständiger zu werden.

Schon mit 15 Monaten kann man beobachten, wie Scheu und Befangenheit vor Zuschauern sich einstellen, wenn neue Fertigkeiten eingeübt werden oder wenn ein Kind gekränkt wird, indem man es symbolisch schlägt oder auslacht oder anführt oder einfach nicht ernst nimmt. Gleichzeitig freut es sich aber auch, wenn es ihm gelingt, andere anzuführen.

In der Mitte des 3. Lebensjahres, etwa zu der Zeit, wenn das Kind „Ich" zu sagen beginnt, entdecken wir an ihm auch den Sinn für Eigentum. Zu dieser Zeit werden auch die ersten Äußerungen der Eifersucht bemerkt. Ebenfalls zu diesem Zeitpunkt stellt das Kind zum ersten Mal Gefühlsäußerungen in den Dienst versteckter Absichten, indem es aufs neue zu weinen beginnt, um Mitleid zu erwecken, wenn neue Zuschauer hinzukommen.

In diese Zeit fallen auch die ersten Äußerungen von Eigenlob. Die Kinder vergleichen eigene Leistungen mit denen anderer Kinder. Im 4. Lebensjahr beginnt sich das Gewissen zu entwickeln. Die Zeichen der Selbstbeherrschung werden auffallender. Widerstand gegen Versuchungen wird möglich und erfolgreich. Der Kampf zwischen Pflicht und Neigung beginnt. Auch das Ehrgefühl entwickelt sich. Der Sechsjährige ist dann auch fähig zum Wettbewerb, zum Leistungsvergleich und zur Selbstkritik. Die innere Struktur des Ichs beginnt sich vom 3. Lebensjahr an zu differenzieren.

Funktionen der Klärung, Sicherung und Erweiterung des unmittelbar Gegebenen

Gedächtnisleistungen sind eigentlich schon am ersten Lebenstag zu beobachten, zunächst in der Form von Signalbildung, wenn dem Kinde Schmerzen zugefügt werden. Etwa mit dem 5. Monat ist das Kind fähig, zwischen bekannt und fremd zu unterscheiden. Mit steigendem Lebensalter dehnt sich auch der Zeitabschnitt aus, nach dem sich das Kind an Vergangenes erinnert. Im Verlauf des zweiten Lebensjahres kommen schon Erinnerungen an einzelne Erlebnisse hinzu, die dann zwar nicht an eine Zeit, wohl aber an einen Ort oder an eine Situation gebunden sind. Allmählich werden dann immer längere Zeitspannen überbrückt. Zu Anfang des zweiten Lebensjahres erinnern sich die Kinder schon abends daran, was im Laufe des Tages passiert ist. Bei Dreijährigen kann es vorkommen, daß sie sich an Ereignisse erinnern, die schon 1 Jahr lang zurückliegen. Es muß dann aber eine besondere Bedeutung gehabt haben, vielleicht ein besonderer Besuch oder ein besonderes Fest.

Über das Vorstellungsvermögen und seine Entwicklung liegen nur wenig zuverlässige Befunde vor.

Das Lernen

Mehr dagegen wissen wir über die Formen des Lernens in ihrer Entwicklung. Hier spielt zunächst ganz wesentlich das Moment der Lebensnähe eine wichtige Rolle. Wie auch das Tier am besten lernt, wenn es Hunger hat, lernt das Kind am besten, wenn es sich um Lebensdienliches handelt. Gleichgültiges und willkürlich von außen Gefordertes lernt es sehr viel schwerer.

Wir unterscheiden folgende Formen des Lernens:

Die Signalbildung
Sie ist die früheste Form des Lernens. Man kann schon in der 2. Lebenswoche feststellen, daß der Säugling aufmerksam wird und mit Saugbewegungen beginnt, sobald er zur Fütterung aufgenommen wird und die Stimme der Mutter hört. Eine Dressur auf bestimmte Fütterungszeiten gelingt schon in der ersten Woche.

Das probierende Lernen
Eigentlich gehören die Experimentierbewegungen, mit denen das Kind die Hände in seine Gewalt bekommen will, schon zu dem probierenden Lernen. Ein bedeutsamer Zuwachs wird gegen Ende des 4. Monats festgestellt, wenn das Kind fähig ist, den Daumen den anderen Fingern gegenüberzustellen, wenn das sogenannte Greifalter (Bühler) beginnt.

Wenn im zweiten Halbjahr das Kind krabbelt oder etwas später zu laufen beginnt, versucht das Kind, seine Umgebung selbständig zu erkunden. Wird die Koordinierung von Hand und Auge und die Fortbewegung während der ersten beiden Lebensjahre behindert, so sind unter Umständen lang dauernde schwere Störungen der Raum-, Zahl- und Zeitauffassung die Folge.

Zwischen dem 5. und 7. Monat findet man bei den Kindern manchmal die Fähigkeit, durch Probieren uneinsichtige Bedingungszusammenhänge festzustellen.

Einsichtiges Lernen
Etwa im letzten Viertel des ersten Lebensjahres werden so einfache Aufgaben gelöst, wie sie auch Köhlers Schimpansen bewältigten. Im Verlauf des zweiten Lebensjahres werden die Höchstleistungen der Schimpansen an einsichtigem Verhalten bereits überschritten. Das Bauen mit Klötzen nimmt zu dieser Zeit eine wichtige Funktion wahr; es hilft dem Kinde weiter in die dingliche Struktur der Welt einzudringen, etwa in die Schwerkraft und in die Standfestigkeit.

4.1.3. Sprachliche Belehrung

Schon bevor das Kind spricht, sucht es sich durch Gebärden mit den Erwachsenen zu verständigen. Sobald das Kind sprechen kann, bedient es sich mehr und mehr der Lautsprache. Im Verlauf des 3. Lebensjahres beginnt das sogenannte Fragealter, das bis in das Schulalter fortdauert.

Es wird leicht übersehen, daß sich auch außersprachliches Lernen bei den Kindern als probierendes oder einsichtiges Lernen vollzieht.

Bevor einige Aussagen zur Begriffsbildung gemacht werden, soll noch einmal auf Affolter hingewiesen werden, die auch Beziehungen zwischen der primären Wahrnehmungstätigkeit und der kindlichen Sprachentwicklung aufgedeckt hat. Ein ungestörter Ablauf der Wahrnehmungsprozesse ist für den Aufbau der Sprache eine wichtige Voraussetzung. Kinder mit Sprachstörungen weisen auch auf allen 3 Stufen der Wahrnehmungsentwicklung Störungen auf, besonders im Bereich der taktil-kinästhetischen Wahrnehmung und der serialen Integration.

Der Säugling stößt zunächst reflexartig das Säuglingsschreien aus. Etwas später „antwortet" er im Vorgang der sogenannten Vokalansteckung auf seine eigenen Laute oder auf die Laute anderer, ohne dabei die entsprechenden Laute richtig zu treffen. Durch wiederholtes Üben in Zirkulärreaktionen (siehe Afferenz-Reafferenztheorie) gelingt dem Kind zunehmend eine Differenzierung der Laute und damit eine korrekte Nachahmung, wobei aber der Säugling die Stimme des Modells nicht von seiner unterscheiden kann. In einem funktionalen Assimilationsprozeß findet eine wechselseitige lautliche Nachahmung zwischen Modell und Säugling statt, bis dieser schließlich mit etwa 8—9 Monaten neue, vom Modell (der Mutter im allgemeinen) vorgesprochene Laute imitieren kann.

Um diese differenzierte Nachahmungsleistung erbringen zu können, muß der Säugling über eine intakte akustische Wahrnehmungsaktivität verfügen, und er muß in der Lage sein, auditive und visuelle Schemata zu koordinieren. Nur so kann er Lippenbewegungen vom Mund ablesen und gleichzeitig die gesprochenen Laute registrieren.

Gegen Mitte des 2. Lebensjahres imitiert das Kind bewußt ganze Wörter und kurze Sätze. Seriale Wahrnehmungsleistungen sind grundlegend für diesen Vorgang, weil ja die Reihenfolge der Wörter und Laute beachtet werden muß. Diese ersten Wörter und Sätze des Kindes sind noch keine Bezeichnungen für Gegenstände, sie haben noch keine Symbolfunktion, sondern sie bilden eine Sinnganzheit, durch die das Kind Handlungen, Wünsche und Gefühle ausdrückt. Sie sind im Sinne Piagets komplexe Handlungsmuster, die er „verbale Schemata" nennt. Ein und dasselbe Wort kann für das Kind verschiedene Handlungen repräsentieren, weil es alle möglichen Erfahrungen an dasselbe verbale Schema (Wort) assimiliert.

Erst mit der „aufgeschobenen Nachahmung" entwickelt sich Ende des 2. Lebensjahres die eigentliche Sprache. Die ersten Vorstellungen, die verinnerlichte Handlungen darstellen, ermöglichen dem Kind, nichtanwesende Gegenstände und Handlungen durch Symbole (Wörter) zu repräsentieren. Das Wort ist nicht mehr Teil einer Handlung, sondern Erinnerung an Handlung. Doch auch jetzt haben die Wörter noch nicht alle dieselbe Bedeutung, denselben Inhalt, die sie für Erwachsene haben. Vielmehr führen erste Generalisations- und Klassifikationsversuche des Kindes zu den sogenannten „Vorbegriffen", die manchmal zu allgemein, also einen zu weiten Begriffsumfang haben, manchmal zu begrenzt sind, also einen zu engen Begriffsumfang haben, und deshalb den eigentlichen Begriff nicht treffen.

Nur in aktiver Auseinandersetzung mit der Umwelt, im handelnden Umgang mit den Gegenständen und in Konfrontation mit anderen Kindern und Erwachsenen wird die subjektive kindliche Vorstellung korrigiert. So ist auch die Entwicklung korrekter Begriffe aus den „Vorbegriffen" und damit die Herstellung hierarchischer Beziehungen, welche der Klassenbildung zugrunde liegen, nicht ohne praktische Erfahrung mit vielen Dingen und Personen in unterschiedlichen Situationen möglich.

Hier wird die von Affolter hervorgehobene Bedeutung der taktil-kinästhetischen Wahrnehmung für die Sprachentwicklung deutlich. Soll das Kind z. B. die Begriffe groß/klein, dick/dünn, rund/eckig, glatt/rauh usw. verstehen lernen, muß es die Möglichkeit haben, entsprechende Gegenstände in die Hand zu nehmen, zu betasten, in den Mund zu nehmen, hin- und herzubewegen, zu beriechen und zu schmecken, also mit allen Sinnen zu erfassen. Erst dann gewinnt es einen Begriff (einen begrenzten Umfang) von dem Gegenstand. Danach lernt es auch den Namen für den Gegenstand.

Über die Begriffsbildung können wir etwas erfahren, wenn wir den unbeeinflußten Anwendungsbereich der Wörter beobachten, ihre Übertragung auf neue Sachverhalte, ferner wenn wir neu erfundene Wörter überprüfen, die zum Teil Vermengungen gehörter Wörter sind, zum Teil neue Zusammensetzungen. Wir können ferner eindringen in die Begriffsbildung, wenn wir uns Worterklärungen anhören, die das Kind auf Befragung gibt.

Bei der Begriffsbildung selbst stellen wir zunächst eine ungeheure Breite der Begriffe fest. Diese Tatsache ist schon bekannt in dem sogenannten „Ein-Wort-Satz". „Mama" kann heißen „ich habe dich lieb", „gib mir den Ball" usw. Unter „sehen", so sagt Metzger, verstehen viele Kinder jede Art von Wahrnehmung, auch von Geräuschen, von Kälte und Schmerz (*Metzger*, S. 433). „Heiß" heißt alles, was bei Berührung weh tut usw.

Wenn wir überprüfen wollen, wie es zu diesen Bedeutungsverleihungen kommt, so sind es nach Metzger folgende Ganzeigenschaften:

1. Gemeinsame Gestaltqualitäten, d. h. der Begriff wird ohne Rücksicht auf das Sinnesgebiet angewandt. „Klingeln" steht für „flimmern", „geflüstert" für „niedlich", „müde" für „liegend", „frech" für „spitz", „sauer" für „unfreundlich" usw.

2. Verwandte Formen. „Wauwau" heißt jeder normale Vierfüßler. „Gagack" heißt die „Gans", aber auch das „Kamel" mit seinem geschwungenen Hals.

3. Verwandte Geschehensstruktur. „Pieppiep" heißt alles, was fliegt.

4. Zugehörigkeit zu einer ausgezeichneten, umfassenden Erlebniseinheit. „Heia" heißt alles, was mit dem Ausgehen und Schlafengehen zu tun hat.

5. Übereinstimmende Funktionen. Wenn „Ada" Tür heißt, kann ohne weiteres auch der Deckel einer Schüssel so genannt werden. Die Bedeutung ist eben Verschluß eines Ausganges.

Das *Urteil* ist nach Metzger die früheste sprachliche Äußerung eines Kindes; denn schon die ersten Einwortsätze sind Urteile. Jedes Urteil ist der Ausdruck einer Überzeugung, daß etwas wirklich so ist oder nicht so ist. Zugleich ist es ein Ausdruck dafür, daß aus einem Ganzen eine bestimmte Eigenschaft willkürlich herausgegriffen wurde. Die Schwierigkeit für jüngere Kinder, die Wirklichkeit so zu erfassen, wie sie ist, hängt mit der Mitveränderlichkeit der Eigenschaften der Dinge zusammen. Hinter dieser Mitveränderlichkeit die Unveränderlichkeit zu erfassen, fällt den Kindern deswegen schwer, weil sie willkürlich einzelne Merkmale herausgreifen und nicht den Zusammenhang mit anderen Merkmalen erfassen. Wenn es dem Kind z. B. gelingt, gleichzeitig zwei einander zugeordnete Eigenschaften (also Höhe und Breite) gleichzeitig herauszufassen und ihre gegenläufige Veränderung zu gleicher Zeit im Auge zu behalten, ist es möglich, die tatsächliche Erhaltung bei veränderter Form zu erkennen. Diese Fertigkeit wird aber erst im 7. Lebensjahr erreicht. Das ist auch der Grund, weshalb geistigbehinderte Kinder Absurditäten auf Bildern gar nicht oder nur sehr schwer erkennen. (Siehe auch den folgenden Abschnitt über die Entwicklung der kognitiven Fähigkeiten nach Piaget.)

Daß bei der Deutung von Verursachungszusammenhängen Kinder im frühen Alter noch animistisch denken, überrascht nicht, weil dem kindlichen Verstande Dinge und Wesen noch nicht scharf genug voneinander abgegrenzt sind. Etwa vom 3. Lebensjahr an gibt es aber schon Vorgänge, für die Kinder keine animistischen Erklärungen mehr abgeben.

Wenn Kinder zählen sollen, so zählen Zweijährige noch immer eins und noch eins und noch eins. Etwa vom 4. Lebensjahr an wird auch schon die Ordinalzahl benutzt, d. h. die Kinder können die Gegenstände numerieren, aber sie haben damit noch keine Vorstellung über die Mächtigkeit der Menge, und sie benutzen auch noch nicht die Kardinalzahl. Noch für das fünfjährige Kind sind Mengen von fünf bis zehn unklare Mengen. Erst im 6. und 7. Lebensjahr werden rasche Fortschritte erreicht, so daß bald sichere Mengenvergleiche angestellt werden können.

Einsichtiges Lernen finden wir schon bei knapp einjährigen Kindern vor, wenn es sich auch meistens um unausgesprochene, aber klare und zutreffende Schlußfolgerungen handelt. Logisch sauber ausgesprochene Begründungen und Schlußfolgerungen werden erst aus dem 4. Lebensjahr berichtet. Bei geistigbehinderten Kindern ist diese Entwicklung sehr stark verlangsamt, manchmal bleibt sie auch auf einer frühen Stufe stecken.

4.2. Entwicklung der kognitiven Fähigkeiten nach Piaget

Im folgenden soll die Entwicklung der kognitiven Fähigkeiten dargestellt werden, wie sie sich aus den Erfahrungen und Untersuchungen von Piaget ergeben. Dabei beziehen wir uns auf Ausführungen, die wir bereits im „Handbuch der Sonderpädagogik, Bd. 5, Pädagogik der Geistigbehinderten", Berlin 1979 gemacht haben.

„Für Piaget ist der Mensch wie jeder lebende Organismus ein offenes, selbst regulatives System, das nach Gleichgewicht strebt. Zur Herstellung dieses Gleichgewichtes dienen ihm zwei Funktionen, die Adaption und die Organisation, die sich gegenseitig bedingen.

Unter Adaption versteht Piaget diejenigen Prozesse, die sich in der handelnden und denkenden Auseinandersetzung des Individuums mit der Umwelt vollziehen. Er unterscheidet dabei die Akkomodation, d. h. die Anpassung des Verhaltens bzw. der vorhandenen Handlungs- und Denkschemata an die angetroffenen Umweltgegebenheiten sowie die Assimilation, d. h. die Anpassung neuer Umweltgegebenheiten an die vorhandenen Handlungs- und Denkschemata. Es sind die strukturbildenden Prozesse, die komplementär zur Adaption im Organismus selbst stattfinden.

Die Schemata stellen Strukturen dar, die „allen jenen Handlungen gemeinsam sind, die vom Blickpunkt des Individuums äquivalent sind. Sie entstehen aus Handlungen (bzw. sind Wiederholungen der Handlungen), sind zunächst eine Art geistiger Repräsentation dieser Handlungen (sensomotorische Schemata) und werden im Laufe der Entwicklung häufig abstrakter und damit übertragbarer und generalisierbar" (Inhelder, in: Rauh, H., Entwicklungspsychologische Analyse kognitiver Prozesse, Weinheim 1972, S. 21).

Die Intelligenz oder das Denken entsteht also aus den senso-motorischen Schemata, die zu immer beweglicheren und umfassenderen Strukturen sich entwickeln, und zwar sowohl von innen als auch durch Anregungen von außen. In der ersten Stufe der senso-motorischen Assimilation dominiert ein Reflexverhalten. Ein Kind, das an der Brust genährt wird, findet durch Übung und Wiederholung immer schneller und leichter die richtige Stelle. Die Tätigkeit des Saugens wird — als zweite Stufe — auf andere Gegenstände übertragen wie Finger oder Kissenzipfel, d. h., es findet bereits eine „transponierende Assimilation" statt.

Schließlich ist der Säugling fähig, die Dinge zu unterscheiden. Kraft seiner wiedererkennenden Assimilation weiß er zu unterscheiden, daß das Saugen am Finger keine Nahrung bringt, wohl aber das Saugen an der Brust. „Wichtig ist jedoch einzusehen, daß die Ausdehnung des Reflexschemas durch Einverleibung eines neuen Elementes die Entstehung eines höheren Schemas zur Folge hat (die Gewohnheit), dem sich das einfache Schema (der Reflex) integriert. Die Assimilation eines neuen Elementes an ein früheres Schema impliziert also ihrerseits die Eingliederung dieses Schemas in ein anderes höherer Ordnung" (Piaget 1971, 114).

Auf der dritten Stufe, die mit der Koordinierung von Sehen und Greifen beginnt, tauchen neue Verhaltensweisen auf. Das Kind greift nach Gegenständen, bewegt sie, läßt sie los, greift wieder danach; allerdings sind die Dinge für das Kind noch nicht vergegenständlicht, sondern unanalysiert global. Wir stellen hier dieselben Schemata fest, die auf der zweiten Stufe in einfacheren Verhältnissen zu sehen waren: Übung, Übertragung und Unterscheidung.

Auf der vierten Stufe kommen nun bereits Mittel- und Zweckrelationen hinzu. Das Kind greift jetzt nach einem Gegenstand um einer bestimmten Absicht willen. Dabei wendet es die bisher gelernten Schemata an und erhält so einen (senso-motorischen) Begriff von dem Gegenstand. Hier sind auch bereits echte intelligente Handlungen festzustellen, die sich allerdings noch auf die Anwendung bekannter Schemata in unvorhergesehenen Situationen beschränken.

Die fünfte Stufe ist dadurch gekennzeichnet, daß das Kind jetzt in der Lage ist, bestimmte Mittel für einen bestimmten Zweck einzusetzen. Das geschieht noch in tastenden Versuchen, es zeigt sich jedoch bereits ein wesentlicher Fortschritt zur vorherigen Stufe.

„Auf der sechsten Stufe endlich, die einen Teil des zweiten Lebensjahres umfaßt, gelangt die senso-motorische Intelligenz zu ihrer vollen Entfaltung. Statt daß die neuen Mittel, wie bisher ausschließlich durch aktives Experimentieren entdeckt werden, kommen jetzt auch erste Erfindungen noch unbekannter Verfahren durch innere und rasch erfolgende Koordinierungen vor. Zu diesem letzten Typus gehören die plötzlichen Umstrukturierungen, die Köhler bei den Schimpansen beschrieben hat, die „Aha-Erlebnisse" von Karl Bühler und das Gefühl des plötzlichen Verstehens. Bei Kindern, die niemals vor 1;6 Jahren Gelegenheit gehabt hatten, Versuche mit dem Stock anzustellen, kommt es vor, daß die erste Berührung mit diesem Gegenstand das plötzliche Verstehen seiner möglichen Beziehungen mit dem zu erreichenden Ziel auslöst, und zwar ohne tastende Versuche" (Piaget 1971, 119).

Auf dieser Stufe finden wir auch sogenannte „symbolische Schemata", „ d. h. Tätigkeitsschemata, die aus ihrem Zusammenhang herausgelöst sind und eine nicht gegenwärtige Situation bezeichnen (z. B. wenn das Kind so tut, als ob es schliefe)" (Piaget 1971, 142).

Diese senso-motorische Intelligenz steht am Anfang des Denkens, und die Wahrnehmungen wirken auch in der weiteren Entwicklung auf das Denken ein. Sie verlieren nicht an Bedeutung.

Die „symbolischen Schemata", die noch der senso-motorischen Intelligenz zuzuordnen sind, unterscheiden sich deutlich von Symbolen auf der Stufe des symbolischen und vorbegrifflichen Denkens; denn „das eigentliche Symbol beginnt erst mit der Vorstellung, die von der eigenen Tätigkeit getrennt wird: z. B. eine Puppe oder einen Bären schlafen legen" (Piaget 1971, 141).

„Auf dieser Stufe, wo also beim Spiel das eigentliche Symbol zu beobachten ist, stellt sich auch das erste Lernen von Sprache ein. Zwar ist das Kind auch auf der senso-motorischen Stufe fähig zu sprechen und Wörter nachzuahmen, aber die Bedeutungsinhalte sind doch sehr global und wenig abgegrenzt und undifferenziert, während auf der symbolischen Stufe das individuelle mit dem kollektiven Zeichensystem zusammenfällt und so auch eine Übereinstimmung zwischen Wirklichkeit und Bezeichnung festzustellen ist. Allerdings besitzt das Kind noch keine eigentlichen Begriffe, sondern erst „Vorbegriffe". Die Vorbegriffe sind Vorstellungen, die das Kind an die ersten sprachlichen Zeichen, die es zu verwenden gelernt hat, anknüpft. Charakteristisch für diese Schemata ist, daß sie zwischen der Allgemeinheit des Begriffes und der Individualität der Elemente, die er bezeichnet, stehen bleiben, ohne die eine oder andere zu erreichen" (Piaget 1971, 144).

An dieses vorbegriffliche und symbolische Denken schließt sich das anschauliche Denken an. Es ist dadurch gekennzeichnet, daß das Kind zwar eine Vorstellung von der Erhaltung des individuellen Gegenstandes hat, aber noch nicht von der Erhaltung einer Sammlung von Gegenständen. Wenn zum Beispiel Wasser aus einem hohen, schmalen Gefäß in ein breites, flaches Gefäß gegossen und gefragt wird, in welchem Gefäß mehr Wasser sei, dann ist für das Kind in dem niedrigen Gefäß weniger Wasser, auch dann, wenn es das Wasser selbst umgefüllt hat; d. h. das Kind zentriert das Denken auf die Höhenbeziehungen und es vernachlässigt die Breitenbeziehungen. Es handelt sich also nicht um Wahrnehmungstäuschungen; denn die Wahrnehmung selbst ist genau, nur die intellektuelle Konstruktion ist mangelhaft oder unvollständig. Sie ist noch zu sehr an die Anschauung gebunden und einseitig gerichtet, Piaget spricht auch von „phänomengebundener" und „egozentrischer" Anschauung.

Eine weitere Stufe in der Entwicklung des Denkens ist die Stufe der „konkreten Operationen". Hier ist das Kind in der Lage, Operationen, d. h. verinnerlichte Handlungen, vorzunehmen, aber die Gruppierungen bleiben auf konkrete Begriffsklassen beschränkt. Ein Beispiel, das Piaget anführt: Es werden zwei Kugeln aus Plastilin, die gleich groß sind und die gleiche Form und das gleiche Gewicht haben, Kindern vorgelegt. Wenn man nun bei einer Kugel die Form zu einer langen Wurst verändert, meinen die Kinder, daß die Substanz zwar erhalten geblieben sei, nicht aber das Gewicht. Wenn die Wurst schmaler wird, bleibt die Substanz gleich; das Gewicht dagegen vermindert sich, weil das Schmalerwerden hier absolut gesetzt wird. Die logische Struktur ist also noch von dem konkreten Inhalt abhängig.

Erst auf der Stufe der „formalen Operation" verliert sich auch diese Bindung. Die Kinder können auf diesen Stufen deduktiv denken und sind nicht mehr auf konkrete Gruppierungen und Ableitungen angewiesen. Ein Beispiel von Piaget: „Edith ist heller (oder blonder) als Susanne; Edith ist dunkler (oder brauner) als Lilly; welche ist die dunkelste von den Dreien?" (Piaget 1971, 168).

4.3. Entwicklung der kognitiven Fähigkeiten nach Bruner

Vergleichbar — wenn auch in weiten Teilen unterschiedlich — beschreibt Bruner die kognitive Entwicklung, die er auch Entwicklung der Darstellungsfunktion (Repräsentation) nennt.

Zuerst kennt das Kind seine Umwelt hauptsächlich durch die gewohnheitsmäßigen Handlungen. Mit der Zeit kommt eine Methode der Darstellung in Bildern dazu, die relativ unabhängig vom Handeln ist.

Allmählich eignet sich das Kind eine neue wirksame Methode an, die es befähigt, Handlung wie Bild in die Sprache zu übersetzen, woraus sich ein drittes Darstellungssystem ergibt. Jede dieser drei Darstellungsmethoden, *die handlungsmäßige, die bildhafte* und *die symbolische*, hat ihre eigene Art, Vorgänge zu repräsentieren. Jede prägt das geistige Leben des Menschen in verschiedenen Altersstufen, und die Wechselwirkung ihrer Anwendung bleibt ein Hauptmerkmal des intellektuellen Lebens des Erwachsenen (Bruner 1971, 21). Wichtig ist zunächst, daß das jüngere Kind, ganz gleich, ob es gesund oder behindert ist, sich dadurch mit der Umwelt auseinandersetzt, daß es einen Gegenstand ergreift, mit ihm umgeht, sich seiner mit allen Sinnen bemächtigt und ihn geistig einordnet dank seiner senso-motorischen Intelligenz. Das ist mehr als eine Neuformulierung des bekannten didaktischen Prinzips, das Comenius in seiner großen Didaktik „als goldene Regel" für alle Lehrenden aufgestellt hat: „Alles soll wo immer möglich den Sinnen vorgeführt werden, was sichtbar dem Gesicht, was hörbar dem Gehör, was riechbar dem Geruch, was schmeckbar dem Geschmack, was fühlbar dem Tastsinn" (Comenius 1960, 135). Dieses Prinzip ist zwar richtig, aber nicht hinreichend. Erst wenn das Handeln an oder mit dem Gegenstand hinzukommt, zu dem sensualistischen das motorische Prinzip, lernt man den Gegenstand richtig kennen.

Zusammenfassend läßt sich sagen:
für die Erschließung des kognitiven Bereiches bedürfen wir der Wahrnehmung, die selbst mehr ist als Abbildung der Wirklichkeit, weil sie die Wirklichkeit auch schon ordnet. Diese Wahrnehmung steht in engem Zusammenhang mit dem Denken, das selbst operativ aufzufassen ist, d. h. daß die Operation das aktive Element des Denkens ist. „Denken bedeutet operieren — egal, ob sich das Kind die Gegebenheiten der Umwelt aneignet, indem es sie den Schemata geistiger Aktivität unterwirft oder aber neue Operationen durch ein scheinbar „abstraktes Nachdenken aufbaut, das heißt innerlich mit vorgestellten Objekten operiert" (Aebli 1962, 87)."

Die Entwicklung der kognitiven Fähigkeiten bei Geistigbehinderten verläuft prinzipiell so wie bei allen anderen Kindern auch, geringer sind allerdings die Entwicklungsmöglichkeiten. Der Grad der Differenzierungsfähigkeiten auf allen Gebieten ist geringer, die Höhe der Abstraktionen wird nicht erreicht, die Fähigkeit zu Transferleistungen ist eingeschränkt, und die Lernplateaus erstrecken sich über längere Zeiträume.

Die Kenntnis der Entwicklung der kognitiven Fähigkeit bei einem unbeeinträchtigten Entwicklungsverlauf erscheint wichtig, damit die Hilfen dem geistigbehinderten Kind rechtzeitig gewährt werden können.

5. Aufgaben und Ziele der kognitiven Förderung bei Geistigbehinderten

Die Aufgaben der kognitiven Förderung bei Geistigbehinderten bestehen darin, dem Kinde die Kategorien der rationalen Weltauffassung Substanz, Raum, Zeit, Zahl, Kausalität und die Denkoperation der logischen Verknüpfung von Symbolen, nämlich Identifikation, Negation, Kombination und Implikation heranzubilden. Das geschieht in der Wahrnehmungserziehung, bei der die Kinder Gegenstände auffassen müssen, wobei sie erfahren, wo sie sich befinden, wann sich etwas zugetragen hat, wie groß die Mächtigkeit einer Anzahl von Gegenständen ist und was durch bestimmte Handlungsweisen bewirkt worden ist und bewirkt werden kann. Dabei ist es wichtig, daß Gegenstände identifiziert oder als nichtidentisch erkannt werden, die Gegenstände können in anderen Gegenständen enthalten (impliziert) sein oder mit anderen kombiniert werden. Zu der Wahrnehmung muß der Umgang mit den Gegenständen erfolgen, und selbstverständlich muß die Wahrnehmung und das Handeln immer durch Sprache begleitet werden. Dazu ist auch die Bewegung erforderlich und die Aufnahme von Beziehungen zu Personen und Sachen.

Es folgt nunmehr eine Übersicht über die kognitive Förderung von der Geburt bis zum Ende der Schulzeit.

Übersicht über die kognitive Förderung

	Emotionalität und Soziabilität	Bewegung	Wahrnehmung	Sprache
Von der Geburt bis zum Ende des 3. Lebensjahres	Zuwendung des Erziehers zum Kinde	passive Bewegungen, Inanspruchnahme der Reflexe, Abbau von Reflexen, Anregungen zur aktiven Bewegung: Körperteile bewegen, Bewegungskoordinationen	Sensibilisierung der Oberfläche des eigenen Körpers, Sensibilisierung auf Geruchs- und Geschmackseindrücke, Sensibilisierung des Bewegungs- und Muskelsinnes, Sensibilisierung der haptischen und taktilen Wahrnehmung, Sensibilisierung der visuellen und auditiven Wahrnehmung	in Sprache baden, passive und aktive Übung der Sprechwerkzeuge, erste Wortschatzübungen

	Emotionalität und Soziabilität	Bewegung	Wahrnehmung	Sprache
Elementarbereich bis zum 6. Lebensjahr	Lösung der Eltern-Kind-Verklammerung, Entwicklung der Ich-Fähigkeit	Förderung der Beweglichkeit, Schnelligkeit, Organkräftigung und Ausdauer	Körperbegriff, Aktivitäten der Geruchs- und Geschmacksorgane, Raumerfahrung, inter- und intramodale Erfahrungen, Ordnungsübungen mit verschiedenen Materialien, figurale Anschauung	Wortschatzerweiterung
Vor- und Unterstufe	Soziabilität Erste Partnerschaften, Lösungen von Partnerschaftsaufgaben	Bewegung Förderung der Feinmotorik als Vorbereitung auf den Leselehrgang	Wahrnehmung und Denken Strukturanschauung, Trennen, Verbinden, Zusammen, Auseinander, Vergleichen, Zuordnen, Beziehen	Sprache Begriffsbildung, Satzerweiterung, Satzverbindung, Bilderlesen
Mittel-, Ober- und Werkstufe	siehe Handbücherei Bd. 14 „Sozial- und Sexualerziehung"	siehe Handbücherei Bd. 8 Bewegungserziehung in der Schule für Geistigbehinderte"	Schreib-Leselehrgang ----- Umgang mit Mengen und Zahlen, Größen, Gewichten und der Uhr ----- Denken in der lebenskundlichen Erziehung ----- Sprache und Denken	siehe Handbücherei Bd. 9 „Sprecherziehung" und Bd. 10 „Spracherziehung"

5.1. Kognitive Förderung im frühkindlichen Alter (bis zum 3. Lebensjahr)

Heinz Bach hat in seinem Buch „Früherziehungsprogramme" auf S. 14 an Hand eines anschaulichen Schemas die Aufgabenbereiche dargestellt, die in der frühkindlichen Erziehung Geistigbehinderter bedeutsam sind.

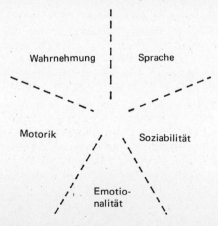

Bei den folgenden Ausführungen muß bedacht werden, daß Lehrziele und Lehrinhalte zum Zwecke der Darstellung getrennt behandelt werden, im Erziehungsvorgang gehen sie ineinander über.

5.1.1. Förderung der Emotionalität

Lehrziele:
Für die Erzieher:
Die Erzieher sollen fähig sein
— ihr Kind aufzunehmen, anzulächeln, zu streicheln, anzusprechen, in die Luft zu heben, Arme, Hände, Beine, Füße, Körper, Kopf und Gesicht zu streicheln. Das Kind befindet sich dabei mal in bekleidetem, mal in unbekleidetem Zustand
— ihre Handlungsweisen mit Sprache zu begleiten
— zu erkennen, ob ihr Kind hungrig oder durstig ist
— zu erkennen, ob es im Raum kühl oder windig ist, ob der Raum abwechslungsreich ist, ob er plötzliche und starke Geräusche vermeidet
— Blickkontakt herzustellen.

Für das Kind:
Das Kind soll fähig sein
— die Zuwendungen zu empfangen und freundlich zu reagieren
— das Streicheln zu empfinden und freundlich zu reagieren
— die Sprache wahrzunehmen und freundlich zu reagieren
— Durst, Hunger, zu große Wärme, zu große Kühle, zu starken Wind, zu starke Geräusche zu empfinden und Unmut zu äußern
— Blickkontakt aufzunehmen.

Inhaltliche Anregungen finden Sie u. a. bei Gertrud Ohlmeyer und bei Ernst Kiphard.

Lehrinhalte:
Schon in den ersten Wochen zeigen Kinder ein flüchtiges, bald aber auch ein „geselliges" (Ch. Bühler) Lächeln, das den Schluß zuläßt, daß in dem ganzheitlichen Erleben des Kindes auch schon Gefühle vorhanden sind. Das Kind lächelt, wenn es die Mutter sieht. In das Wiedererkennen mischt sich auch Freude, so ist zu vermuten. Die Zuwendungen, die die Mutter ihrem Kind gewährt, die menschliche Nähe, die das Kind empfindet, die Geborgenheit und Sicherheit, die das Kind gewinnt, daß die Mutter sich ihm freundlich nähert, die Nahrung, mit der das Kind versorgt wird, die Tatsache, daß Hunger und Durst von ihm ferngehalten werden, daß ihm körperliche Wärme vermittelt wird, daß es von Zeit zu Zeit trockengelegt wird und ihm ungestörter Schlaf gewährt wird, all das führt dazu, daß Gefühle, die in dem Kinde angelegt sind, geweckt werden. Dazu gehört auch ein frisch gelüftetes Zimmer, die Vermeidung von Zugluft, ein heller, abwechslungsreicher Raum, der Geräusche zuläßt, aber auch plötzliche und zu starke Geräusche vermeidet. Kurzum zur Weckung der Gefühle bei dem Kinde muß die Umgebung des Kindes dazu beitragen, daß das Kind

zufrieden ist, sich behaglich fühlt, sich angenommen weiß und so Zutrauen zu der Welt finden kann. Wir halten uns hier an die Auffassung der Gestalt- und Ganzheitspsychologen und nicht an die Auffassung des Behaviorismus und der Pawlowschen Theorie des bedingten Reflexes. Diese Zuwendungen von seiten der Erwachsenen sind eine wichtige Voraussetzung für die Fähigkeit des Kindes, sich seinerseits nach außen zu wenden und Beziehungen zur sachlichen Umwelt und zur personalen Mitwelt aufzunehmen.

Das weiter oben von Bach übernommene Schema soll diese Ausführungen veranschaulichen. Die Entwicklung der Motorik, der Wahrnehmung, der Sprache, der Emotionalität und der Soziabilität sind optimal nur möglich, wenn vorher die emotionalen Kräfte in dem Kind geweckt und gefördert worden sind.

Vielleicht findet nicht jede Mutter gleich den richtigen Zugang zu ihrem eigenen Kinde, vielleicht ist auch nicht jede Mutter in der gleichen Weise in der Lage, ihrem Kinde Zärtlichkeiten zu schenken. Andererseits haben die Kinder auch ein unterschiedliches Zärtlichkeitsbedürfnis. Die Anzahl der „Streicheleinheiten", deren ein Kind bedarf, sind von Kind zu Kind verschieden, nur ganz darauf verzichten kann kein Kind, soll es nicht Schaden an seiner Seele nehmen. Weisen aber Kinder Zärtlichkeiten der Eltern zurück, sollte man das Kind beobachten im Hinblick auf weitere autistische Symptome; denn zu dem Syndrom des frühkindlichen Autismus gehört auch der Widerstand gegenüber Zärtlichkeiten, die dem Kind erwiesen werden. Unter Umständen muß die Mutter angeleitet werden, ihre Hemmungen zu überwinden und sich ganz dem Kind hinzugeben, indem sie das Kind ganz an den eigenen Körper anschmiegt, es streichelt, es auf den Armen wiegt, es in die Luft hebt usw.

Bei all diesen Handlungen ist es wichtig, daß sie sprachlich begleitet werden, wie auch sonst Liebende allerlei Zärtliches zueinander sagen. Vor allem sollte die Mutter immer wieder den Namen des Kindes aussprechen. Auch wenn bei all diesen Bemühungen der Mutter bei dem Kinde die entsprechenden Reaktionen ausbleiben, sollte die Mutter sich weiterhin in der gleichen Form dem Kinde zuwenden und sich darum bemühen, bis irgendeine Reaktion erfolgt. Diese zärtlichen Zuwendungen gewähren wir dem Kinde täglich viele Male und über viele Jahre hindurch, und dabei „baden" wir das Kind gleichsam in Sprache.

Wenn wir zu den Eltern eines geistigbehinderten Kindes kommen, sollten wir davon ausgehen, daß die Eltern ihr Kind annehmen. Erst wenn wir bemerken, daß die Eltern nur schwer einen Zugang zu ihrem Kinde finden, sollten wir anleitende Hilfen geben. Es ist effektiver, wenn wir direkt auf das Handeln der Eltern eingehen, ihnen Handlungsanweisungen geben. Später können wir auch Gespräche mit ihnen führen, die sich auf die Tatsache beziehen, daß man ein behindertes Kind haben kann. Erst dann ist vielleicht eine Art seelsorgerisches Gespräch möglich, wozu Sporken

(1975) und Balzer/Rolli (1975) u. a. Anregungen anbieten. Es ist ganz falsch, den umgekehrten Weg zu gehen. Einmal müssen die Eltern zu dem Lehrer erst ein tiefes Vertrauensverhältnis gewonnen haben, und zum anderen werden die meisten Eltern mit ihrer Situation, ein behindertes Kind zu haben, besser fertig, als man annehmen sollte, wenn man die entsprechende Literatur durchsieht.

5.1.2. Förderung der Bewegungsfähigkeit

Lehrziele:
Für die Erzieher:
Die Erzieher sollen fähig sein:
— Kopf, Körper und Extremitäten des Kindes zu streicheln, auch mit verschiedenen Stoffen
— Kopf, Körper und Extremitäten des Kindes zu bewegen
— Reflexe des Kindes in Anspruch zu nehmen
— dem Kinde Gegenstände zu reichen
— das Kind zum Krabbeln, Kriechen, Sitzen, Stehen, Gehen, Hüpfen und Springen anzuleiten
— das Kind die Lösung von der Erdenschwere erleben zu lassen
— mit dem Kind Hand — Auge, Ohr — Auge und Hand — Ohr -Koordination zu üben
— das Kind den eigenen Körper erleben zu lassen.

Für das Kind:
Das Kind soll fähig sein:
— die Berührungen mit verschiedenen Stoffen an seinem Kopf, Körper und seinen Extremitäten wahrzunehmen und darauf zu reagieren
— von der passiven zur aktiven Bewegung des Kopfes, des Körpers und der Extremitäten überzugehen
— Gegenstände festzuhalten
— zu krabbeln, zu kriechen, zu sitzen, zu gehen, zu hüpfen und zu springen
— die Lösung von der Erdenschwere zu erleben
— Hand — Auge, Ohr — Auge und Hand — Ohr -Koordination anzuwenden
— den eigenen Körper zu erleben.

(Für weitere Anregungen siehe auch Irmischer, Tilo, Bewegungserziehung an der Schule für Geistigbehinderte, Bd. 8 der Handbücherei für die Unterrichtsplanung und Unterrichtsgestaltung in der Schule für Geistigbehinderte, Hrsg. R. Pohl, Dortmund 1981).

Lehrinhalte:
Die frühe Förderung der Bewegungserziehung ist sehr wichtig, damit keine Verzögerung in der Bewegungsentwicklung eintritt, zum anderen können eingetretene Bewegungsstörungen abgebaut werden.

Auch Bewegungsbeeinträchtigungen oder pathologische Bewegungsformen können in normale Bewegungen übergeleitet werden, wenn die Übungen frühzeitig angesetzt werden. Außerdem besteht ein enger Zusammenhang zwischen Motorik und Denken (siehe Piaget). „Wo die Möglichkeiten, eine Intelligenz aufzubauen, auf eine so einschneidende Weise wie bei den verschiedenen Formen der Geistigbehinderung begrenzt sind, ist die Möglichkeit, ein breitgefächertes motorisches Leistungsinventar zu erwarten, in aller Regel gleichfalls stark eingeengt. Geistigbehinderung ist, so gesehen, auch durch motorische Auffälligkeiten geradezu charakterisiert." (Heese, 1975, S. 12). Die motorische Erziehung hat also aus mehreren Gründen eine besondere Bedeutung für die Förderung Geistigbehinderter.

Dabei kann man davon ausgehen, daß „Hirnanteile, die mit dem motorischen Lernen zu tun haben, in verschiedenen Lebensaltern des Kindes unterschiedlich *plastisch* sind" (Heese, 1978, S. 15 ff.).

Wir können ferner auf das Phänomen der „Irradiation" oder „Erregungsausbreitung" des Gangliensystems vertrauen (siehe Rohracher, 1963, S. 291), d. h. eine Bewegungserziehung beeinflußt auch die Hirntätigkeit benachbarter Hirnzellen. Etta Wilken berichtet, daß durch motorisches Training direkte positive Auswirkungen auf die Sprache festgestellt werden konnten (Wilken, 1979, S. 101 ff.). Da bei geistigbehinderten Kindern sowohl eine motorische Apathie als auch eine hypermobile Bewegungsunruhe vorgefunden werden, muß mit den Methoden der *Fazilitation* (Erleichterung) gearbeitet werden, d. h. den Kindern müssen Hilfen zur gezielten Bewegungserziehung gewährt werden.

Eine Fülle von Anregungen für die frühe Bewegungserziehung finden wir bei Ernst Bauer. Er schlägt vor, wenn das Kindchen noch ganz unbeweglich in seinem Bettchen liegt, das Köpfchen ganz sachte zu heben und zu senken, es hin und her zu bewegen, bis das Kind allmählich zu einer Eigenbewegung übergeht. Das geschieht jeden Tag, viele Male, bis das Kind seine Eigenaktivität entwickelt hat.

Dann werden die verschiedenen Reflexe hervorgelockt (siehe Aschmoneit, 1974 und Ohlmeyer 1979). Dabei legen wir einen Finger in das Händchen des Kindes, um den Greifreflex hervorzubringen und damit zu provozieren, daß das Kind das Händchen schließt. Viele Kinder reagieren eher auf einen solchen Finger, wie Stirnimann schon festgestellt hat, als auf ein rundes Klötzchen. Dieser Reflex wird bei gesunden Kindern etwa von dem 3. Monat an abgebaut.

Wenn das Kind den dargebotenen Finger umfaßt, ziehen wir an dem Finger, später auch an dem Stäbchen, damit das Kind den Widerstand spürt und fester zugreift oder sich gar ein wenig hochziehen läßt.

Wir geben dem Kind ein Klötzchen in die Hand, auch viele Male. Wenn das Kind das Klötzchen auch immer wieder fallen läßt, wir geben es ihm aufs neue, bis es diesen Gegenstand festhält.

Später geben wir dem Kind Papier in die Hand, damit es damit rascheln kann, danach wird es auch versuchen, das Papier zu zerreißen.

Wenn das Kind sitzen kann, rollen wir ihm einen Ball zu, damit es ihn zurückrollen kann.

Wir legen dem Kind interessante Spielgegenstände hin, damit es zugreift.

Wir legen das Kind auf den Bauch und legen ihm in erreichbare Nähe Spielsachen hin, damit das Kind zu krabbeln versucht, um die Gegenstände zu erreichen.

Neben der Bewegungserziehung ist es wichtig zu diesem Zeitpunkt und in diesem Zusammenhang, daß das Kind lernt, auf fremde Impulse einzugehen, damit es lernt zu *re*agieren, um dann später *a*gieren zu können.

Wenn das Kind auf dem Bauch liegt, halten wir unsere Hände an die Fußsohlen und warten, daß das Kind den Widerstand spürt und durch Beinstrecken reagiert.

Wir nehmen beide Hände des Kindes und ziehen das Kind allmählich in die Sitzstellung.

Wenn das Kind auf dem Rücken liegt, führen wir die Arme nach oben, wir heben die Beine.

Wenn das Kind sitzen kann, ziehen wir es hoch, damit es steht.

Wir halten das Kind an beiden Händen fest, gehen rückwärts, damit das Kind laufen lernt.

Dann führen wir das Kind an der „Leine", oder wir geben ihm einen Lauflernwagen.

Später führen wir es an einem Reifen.

Danach üben wir das Steigen auf einer Treppe, auch das Fortstoßen eines Balles. Schließlich regen wir das Kind an zu hüpfen. Dabei können wir eine alte Matratze verwenden, später ein Air-Tramp oder Trampolin.

Wir malen „Häuschen" auf der Erde und lassen das Kind von „Häuschen" zu „Häuschen" springen, auch mit beiden Beinen zugleich.

(Viele Anregungen bietet Gertrud Ohlmeyer, 1979.)

Wenn das Kind krabbeln, sitzen und vielleicht schon gehen kann, vermitteln wir ihm das Erlebnis des Überwindens der Erdenschwere, indem wir es anfangs in die Höhe heben und wieder auf den Boden setzen, später werfen wir es ein wenig in die Höhe und fangen es wieder auf. Das ist immer ganz lustvoll für die Kleinen, oft quietschen und jauchzen sie dabei. Sie empfinden das Loslösen, wenn sie in die Luft gehoben oder geworfen werden, und sie empfinden die Geborgenheit, wenn sie wieder aufgefangen und an den Körper des anderen gedrückt werden. Aber diese Vergnügungen dürfen nicht zu stürmisch sein, sonst werden die Kinder ängstlich und fürchten sich gar vor dem Erzieher.

Unter den geistigbehinderten Kindern gibt es zahlreiche Kinder, die über eine Bindegewebsschwäche verfügen und die deshalb zu einer Überstreckbarkeit der Gelenke neigen, weil die Gelenkkapseln zu „schlaff" sind. Hier entstehen besondere Schwierigkeiten und Verzögerungen beim Laufenlernen. Das gilt besonders für Kinder mit Down-Syndrom, von denen bekannt ist, daß sie lange Verzögerungen beim Laufenlernen aufweisen und besondere Schwierigkeiten haben beim Erlernen des Hüpfens und Springens (Ohlmeyer, 1979, S. 146).

Wichtig ist auch, daß wir das Kind in Situationen bringen, in denen es die Hand — Auge, Auge — Ohr und Hand — Ohr — Koordination übt, indem wir uns im Raum bewegen und Geräusche und Klänge erzeugen, damit sich das Kind diesen akustischen Sensationen zuwendet. Wir lassen das Kind anfangs mit dem Faustgriff greifen, später regen wir es an, den Pinzettengriff anzuwenden.

Von besonderer Bedeutung ist für das Kind das Erlebnis des eigenen Körpers. Wir nehmen das Händchen in die Hand und tippen mit unserem Finger auf die einzelnen Finger des Kindes. Wir streicheln über die Handfläche und über den Handrücken. Wir streicheln über den rechten und linken Arm, wir streicheln an dem linken und an dem rechten Bein. Wir nehmen dazu neben unseren Händen auch mal einen weichen oder auch mal einen rauhen Lappen. Wenn das Kind etwas größer ist, stellen wir es in den Sandkasten und lassen die Füße verschwinden. Wir stellen das Kind in warmes und weniger warmes Wasser — nicht in kaltes Wasser. Wir reiben den Rücken und den Bauch, nehmen das Gesicht in die Hand und streicheln die Wangen. Wir ziehen das Kind an dem Näschen und an den Öhrchen, wir streicheln das Köpfchen und fahren mit dem Finger über die Lippen. Wir nutzen alle Möglichkeiten, damit das Kind die Erfahrung des eigenen Körpers machen kann.

Moog/Moog berichten von zahlreichen Untersuchungen, die ergeben haben, daß Säuglinge, die von ihren Müttern auf den Arm genommen wurden, weniger schrien und deshalb an Gewicht mehr zunahmen. Kinder, deren Glieder bewegt wurden, nahmen an Muskelkraft und an Muskelsubstanz zu, wurden also kräftiger. Diese Kinder waren auch vergnügter und aufgeschlossener.

5.1.3. Förderung der Wahrnehmungstüchtigkeit

Die Wahrnehmungsorgane sind das Tor zur Welt. Durch sie nehmen wir unsere Um- und Mitwelt wahr. Deshalb spielt die Erziehung zur Wahrnehmungstüchtigkeit innerhalb der kognitiven Förderung eine wichtige Rolle.

Förderung des körperlichen Empfindungsvermögens (Somästhesie)

Lehrziele:
Für die Erzieher:
Die Erzieher sollen fähig sein
— die gesamte Oberfläche des Körpers ihres Kindes mit unterschiedlichen Materialien zu berühren.

Für das Kind:
Das Kind soll fähig sein
— die unterschiedlichen Berührungen der Oberfläche seines Körpers wahrzunehmen.

Lerninhalte:
Nach dem physiogenetischen Grundgesetz, das der Naturphilosoph Ernst Haeckel aufstellte (die Ontogenese entspricht der Phylogenese), macht das einzelne Individuum die Entwicklung seines Stammes in verkürzter Form durch.

Bei der Entwicklung der Arten standen also die sogenannten Nahsinne zunächst im Vordergrund, also die Empfindungen durch die Haut, Berührungs- und Druckempfindungen, Temperaturempfindungen und Schmerzempfindungen. Hinzu kommen dann noch die sogenannten chemischen Sinne, der Geschmack und der Geruch. Dann ist noch die Raumwahrnehmung zu nennen, gemeint sind damit die Stellungs- und Lagewahrnehmung, schließlich ist zu den Nahsinnen noch die Tastwahrnehmung zu zählen. Erst sehr viel später entwickeln sich die sogenannten höheren Sinne oder die Fernsinne, wozu die visuelle und die auditive Wahrnehmung gerechnet werden.

Wir streicheln also das Kind am ganzen Körper mit unserer Hand, wir frottieren es mit einem weichen und einem weniger weichen Tuch, wir berühren dabei seinen Rücken, seinen Bauch, seine Arme und seine Beine. Wir nehmen dabei einen warmen und einen weniger warmen Waschlappen. Wir kitzeln auch mal das Kind. Wir benutzen Schwämme verschiedener Härtegrade. Wir pusten das Kind auch an verschiedenen Körperteilen an. Wir tippen oder drücken auf verschiedene Körperstellen. Wir streichen mit dem Fingernagel über Bauch, Rücken, Beine und Arme. Wir nehmen also alle möglichen Materialien, um die gesamte Körperoberfläche allen möglichen Sensationen auszusetzen.

Förderung der Entwicklung der chemischen Sinne

Zunächst ist von besonderer Wichtigkeit, daß das Kind allmählich von flüssiger zu fester Nahrung gebracht wird. Geistigbehinderte Kinder verweilen aus den verschiedensten Gründen (Erziehungsfehler bei den Eltern, besonders aber durch ihre seelische Starrheit, aber auch wegen des unvollständigen Gebisses) zu lange bei der Flaschennahrung. Die Einnahme der festen Nahrung und auch das Kauen selbst ist sehr wichtig, weil dadurch der Mund desensibilisiert wird, was für die Sprachentwicklung von besonderer Bedeutung ist. Auch das Kauen, das Üben der Mundmuskulatur ist für die Sprachentwicklung bedeutsam. Manche Kinder verweigern das Sprechen, weil der Gaumen zu sensibel ist und das Berühren der Zunge einen Juckreiz hervorruft, der für das Kind unangenehm ist. Die Entwicklung des Geschmackssinnes (des gustatorischen Sinnes) muß sehr vorsichtig vorgenommen werden, damit das Kind nicht die Nahrung verweigert. Deshalb gehört die Entwicklung der chemischen Sinne mehr in den Bereich der Elementarerziehung als in den Bereich der frühkindlichen Erziehung. Immerhin sollten wir darauf achten und auch die Eltern bitten, ihre Kinder zu beobachten, wie sie auf bestimmte Geschmacksnuancen und Geruchsempfindungen (olfaktorischer Sinn) reagieren. Es könnte sein, daß das eine oder andere Kind überempfindlich ist im Hinblick auf Geschmäcke oder Gerüche oder daß sich eine partielle Empfindlichkeit oder Überempfindlichkeit oder vielleicht auch Unempfindlichkeit zeigt. Durch Uninformiertheit könnten sich dann leicht Erziehungsfehler einschleichen, weil das Verhalten des Kindes falsch gedeutet wird.

Lehrziele:
Für den Erzieher:
Der Erzieher soll fähig sein
— dem Kind Speisen und Getränke in unterschiedlicher Geschmacksqualität darzubieten: süß, sauer, salzig
— die Kinder anzuleiten zu schmecken
— die Geschmacksqualitäten zu nennen
— die Kinder anzuhalten, diese Geschmacksqualitäten zu nennen
— dem Kinde Gegenstände verschiedener Geruchsqualitäten vorzulegen und die Namen der Gegenstände und der Geruchsqualitäten zu nennen
— die Kinder anzuhalten, die Gegenstände zu riechen, zu benennen und die Geruchsqualität zu nennen.

Für das Kind:
Das Kind soll fähig sein
— Speisen und Getränke unterschiedlicher Geschmacksqualität zu sich zu nehmen
— die Namen dieser Geschmacksqualitäten zu nennen.

Lehrinhalte:
Wir geben den Kindern süße Speisen, saure Speisen und salzige Speisen. Wir geben ihnen verschiedene Obstsäfte.

Wir lassen sie an aufgeschnittenem Obst riechen, an Blumen. Achtung! Keine unangenehmen Speisen, Säfte oder Gerüche wählen!

Förderung der Raum-/Lagewahrnehmung

Lehrziele für den Erzieher:
Der Erzieher soll fähig sein
— Bewegungen an dem eigenen Körper des Kindes vorzunehmen, bis das Kind in die Selbstbewegung übergeht.
— Bewegungen mit dem Kinde im Raum vorzunehmen, bis das Kind diese Bewegungen allein ausüben kann.

Lehrziele für das Kind:
Das Kind soll fähig sein
— passiven Bewegungen an dem eigenen Körper zu folgen und allmählich in Selbstbewegung überzugehen
— Bewegungen mit seinem Körper mit Hilfe der Erwachsenen vorzunehmen und allmählich in Eigenbewegung überzugehen.

Lehrinhalte:
Wir beginnen zunächst mit der Förderung des kinästhetischen Sinnes (des Bewegungs- und Muskelsinnes), also mit den Übungen am eigenen Körper. Dabei bewegen wir die Arme über den Kopf, über die Brust, wir breiten die Arme auseinander und winkeln sie an. Wir machen ähnliche Übungen mit den Beinchen, sehr vorsichtig, damit wir das Kind nicht verletzen. Wir heben das Köpfchen und senken es wieder. Wir drehen den Körper mal in die Rückenlage, mal in die Bauchlage. Wir setzen das Kind aufrecht, auch wenn es noch nicht allein sitzen kann. Wir heben es an den Armen hoch und lassen es stehen. Wir heben es in die Luft und stellen es wieder auf die Erde. Wir legen das Kind mal längs, mal quer in das Bettchen. Zahlreiche Hinweise finden wir bei Gertrud Ohlmeyer.

Wichtig ist auch das Krabbeln und Kriechen. Wir regen das Kind an, sich selbständig aus der Bauchlage in die Rückenlage zu bewegen und umgekehrt. Wir helfen ihm zu sitzen und zu gehen. Dabei muß es das Gleichgewicht halten. Zur Steigerung geben wir ihm noch einen Gegenstand oder ein Glas Wasser in die Hand und fordern es auf, vorwärts zu gehen. Wir lassen das Kind eine schiefe Ebene hinauf- und hinuntergehen, wir regen es an zum Treppensteigen, zum Hüpfen und Springen.

Förderung des Tastsinnes (des haptischen oder taktilen Sinnes), einschließlich der Wahrnehmung der Wärmegrade und der Schwereunterschiede

Lehrziele:
Für den Erzieher:
Der Erzieher soll fähig sein:
— das Kind verschiedene Tasterfahrungen machen zu lassen.

Für das Kind:
Das Kind soll fähig sein
— verschiedene Tasterfahrungen zu machen.

Lehrinhalte:
Im frühkindlichen Bereich kommt es darauf an, daß das Kind die verschiedensten Tasterfahrungen machen kann. Wir streichen mit unserer Hand die Innenflächen der Hand des Kindes, dann streichen wir die Innenfläche der Hand des Kindes mit verschiedenen Materialien und verschieden warmen Tüchern. Wir geben dem Kind Gegenstände in die Hand, weiche, harte, rauhe, glatte, warme und weniger warme. Wir lassen das Kind die Hände in Wasser verschiedener Wärmegrade tauchen. Wir geben ihm Stoffe und Papier in die Hand. Wir lassen das Kind leichte und schwere Gegenstände heben, Türme bauen, also Gegenstände aufeinandersetzen, Gegenstände in verschiedene Höhen heben.

Förderung der visuellen Wahrnehmung

Wenn das Kind das Licht der Welt erblickt, ist es auch in der Lage, seine Umwelt visuell wahrzunehmen. Das sind zunächst Gegenstände im Nahbereich, aber bald ist das Kind auch in der Lage, auf größere Entfernungen hin Gegenstände und Personen zu erkennen. Bald ist das Kind auch in der Lage, Farbwahrnehmungen zu machen.

Bei den geistigbehinderten Kindern müssen wir häufig sehr viel Geduld aufwenden, um das Kind dahinzubringen, einen Gegenstand zu sehen:

> Es ist denkbar, daß das Kind den Gegenstand nur in einer geringeren Entfernung wahrnehmen kann, aber nicht in einer größeren. Es ist denkbar, daß der Gegenstand außerhalb des Gesichtsfeldes liegt. Das Gesichtsfeld kann aber eingeschränkt sein. Es ist denkbar, daß der Gegenstand wahrgenommen wird, daß das Kind aber keine Reaktion zeigt, weil die Verarbeitung des Reizes gestört ist. Es ist denkbar, daß der Gegenstand wahrgenommen wird, daß er aber uninteressant ist und daß deshalb keine Reaktion erfolgt. Es ist denkbar, daß der Gegenstand von dem Wahrnehmungsorgan aufgenommen wird, daß es aber wegen der gestörten Verarbeitungsfunktion nicht zu einer bewußten Wahrnehmung kommt. Schließlich ist es denkbar, daß der Gegenstand wahrgenommen wird und daß keine Reaktion erfolgt, weil die Ausgabefunktion gestört ist (Hanselmann). Außerdem sollten wir bedenken, daß möglicherweise die Augenreflexe beeinträchtigt sind (Pupillenreflex), so daß zuviel Licht auf die Retina gefallen und deshalb eine Wahrnehmung erschwert ist.

Wir müssen es deshalb kritisch ansehen, wenn Erzieher versuchen, die visuelle Wahrnehmung des Kindes mit Hilfe einer Taschenlampe zu schulen, und zwar in der Annahme, daß ein starker Reiz am ehesten zu einer Wahrnehmung führt. Das ist ein Irrtum! Die Beeinträchtigung liegt meistens nicht im Wahrnehmungsbereich — da kann sie auch liegen —, sondern eher in dem geistigen Bereich. Hanselmann gebraucht dafür die Begriffe „Verarbeitung" und „Ausgabe". Ein verstärkter Reiz vermag nicht immer eine größere Wirkung zu erzielen.

Es ist möglich, daß das Kind, von dem hellen Lichtschein getroffen, gar nichts mehr wahrnimmt. Wenn in der Dunkelheit Licht auf den Stäbchenapparat gefallen ist, dauert die Anpassung (Adaptation) etwa 3/4 Stunde, d. h. erst nach dieser Zeit ist eine uneingeschränkte visuelle Wahrnehmung wieder möglich.

Natürlich kann bei den geistigbehinderten Kindern nicht nur die „Adaptation" beeinträchtigt sein, sondern auch die „Akkomodation", die Fähigkeit des Auges, sich so auf den Gegenstand einzustellen, daß er in größtmöglicher Schärfe erscheint. Da das Auge normalerweise so eingestellt ist, daß es im Unendlichen scharf sieht, spricht man auch von der Naheinstellung des Auges. Von besonderer Wichtigkeit ist auch die Fähigkeit zur Konvergenz, d. h. die Fähigkeit, beide Augen auf denselben Gegenstand einzustellen. Ist diese Fähigkeit beeinträchtigt, entstehen Doppelbilder.

Das Auge kann aber auch über Refraktionsanomalien verfügen, d. h. die Brechkraft im optischen Apparat kann zu stark oder zu schwach sein, so daß es zu Kurz- oder Weitsichtigkeit kommen kann, die je nach der Stärke der Brechkraft schwächer oder stärker sein kann. Hier ist ein Ausgleich durch Vorsatzlinsen möglich.

Es kann auch sein, daß die Hornhautoberfläche unregelmäßig ist. Die Störung wird als „Astigmatismus" bezeichnet. Das von einem solchen Auge entworfene Bild ist stark verzerrt und läßt keine scharfe Wahrnehmung zu.

Die Sehschärfe selbst ist eine Leistung der Netzhaut mit seinen Stäbchen und Zäpfchen. Unter der Sehschärfe ist das Vermögen zu verstehen, zwei nebeneinanderliegende Punkte, die in einem bestimmten Abstand dem Auge dargeboten werden, noch getrennt wahrzunehmen (siehe Schütz-Rothschuh, 1965, S. 291 ff.). Die Stelle des schärfsten Sehens ist die Netzhautgrube. Hier ist die Sehschärfe deshalb am größten, weil sich hier die feinsten Zäpfchen befinden.

Von Wichtigkeit sind auch Einsichten über das Gesichtsfeld. Seine Umgrenzung ist durch Nase, Backen und Augenhülle gegeben. Die äußersten Bereiche der Netzhaut sind nur Schwarz-Weiß-empfindlich, weiter innen tritt dann die Gelb-Blau-Empfindlichkeit hinzu, ganz innen die Rot-Grün-Empfindlichkeit. Das Gesichtsfeld ist auch begrenzt durch die Augenmuskulatur, mit deren Hilfe die Augen beweglich sind.

Schließlich ist es wichtig zu wissen, daß der Mensch visuelle Schwingungen in der Größenordnung von 700–400 Billionen in der Sekunde wahrnimmt, in Farben ausgedrückt geht die Skala von Rot-Gelb-Grün-Blau-Violett, d. h. die längsten Schwingungen erzeugen die Farbe Rot.

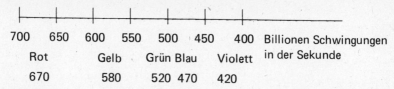

Schließlich sollen die Erzieher wissen, daß bewegliche Gegenstände eher visuell wahrgenommen werden als ruhende.

Lehrziele:
Der Erzieher soll fähig sein
— Das Kind zu einer visuellen Wahrnehmung anzuregen
— das Kind bei den Wahrnehmungsübungen zu beobachten.

Das Kind soll fähig sein:
— visuelle Wahrnehmungen zu machen
— auf visuelle Wahrnehmungen zu reagieren.

Lehrinhalte:
Weil bei den geistigbehinderten Kindern häufig weniger die Wahrnehmungsschwelle zu niedrig ist, sondern eher die Bewußtseinsschwelle, ist es besser, statt mit einer Taschenlampe die Wahrnehmungsübungen mit einer roten Puppe oder mit einem roten Ball zu beginnen, den man in geringer Entfernung vor den Augen des Kindes hin- und herbewegt.

Wenn eine Reaktion erfolgt, nehmen wir andere Gegenstände und zeigen sie dem Kinde.

Nützlich sind auch ein Mobile über dem Bettchen und bunte Tücher um das Bettchen herum, damit das Kind immer etwas zum Anschauen hat. Später geben wir dem Kinde Gegenstände in die Hand, die es sieht. Dann lassen wir das Kind nach Dingen greifen, die es sieht. Schließlich konfrontieren wir das Kind mit Geräuschen, damit es danach sieht. Nach der figuralen visuellen Wahrnehmung führen wir das Kind zur Auge-Hand- und Ohr-Auge-Koordination. Dabei bleibt das Kind selbstverständlich nicht immer liegen, sondern wir nehmen es auf den Schoß oder lassen es im Ställchen sitzen und stützen es dabei, wenn es noch nicht selbständig sitzen kann.

Danach geben wir dem Kind Leporellos in die Hand mit Abbildungen von Gegenständen, Tieren usw.

Förderung der auditiven Wahrnehmung

Wenn das Kind geboren ist, kann es auch auditive Phänomene wahrnehmen, wie weiter oben schon ausgeführt worden ist. Das Kind ist dabei in der Lage, Klänge und Geräusche wahrzunehmen und bald auch zu unterscheiden.

Bei manchen geistigbehinderten Kindern allerdings dauert es einige Zeit, bis wir sicher feststellen können, daß das Kind Hörphänomene aufgenommen hat.

Der adäquate Reiz für das Gehörorgan ist der Schall oder die Schwallwelle oder Schallschwingung. Diese Schallschwingung ruft eine Hörempfindung hervor, die man mit *Ton* bezeichnet. Töne unterscheiden sich in ihrer Stärke und in ihrer Höhe. Die Tonstärke wird in Dezibel (dB) oder Mikro-Bar gemessen. Maßgeblich ist dabei die Höhe der Schwingung. Je höher die Schwingung ist, desto stärker die Tonempfindung. Sie schwankt von 0—120 dB für unser Ohr. Größere Tonstärken ab 80 dB erzeugen Schmerzempfindungen, ab 120 dB kann das Trommelfell reißen. Maßgeblich für die Tonhöhe ist die Schwingungszahl in der Sekunde. Man spricht auch von Frequenz. Sie wird nach dem Entdecker in Hertz (Hz) angegeben.

Mit der Stimmgabel kann man reine Schwingungen erzeugen, die man Töne nennt. Mit Musikinstrumenten erzeugt man *Klänge.* Bei dem Klang spricht man auch von Klangfarbe, die weich sein kann wie bei der Flöte oder scharf und schrill wie bei der Trompete. Klänge unterscheiden sich von *Tönen* dadurch, daß sie durch keine *reinen* Schwingungen zustandekommen, sondern ein *Schwingungsgemisch* darstellen durch Überschwingungen, die mit der Grundschwingung mitschwingen, aber in einem harmonischen Verhältnis zueinander stehen.

Das *Geräusch* ist auch ein Gemisch von Schwingungen. Es unterscheidet sich vom Klang dadurch, daß die einzelnen Schwingungen, aus denen sich das Geräusch zusammensetzt, in einem völlig regellosen, also nichtharmonischem Frequenzverhältnis zueinanderstehen (siehe Schütz/Rothschuh, S. 300 ff.).

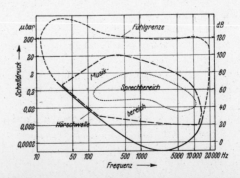

Die Hörschwelle ist, wie aus der Abbildung hervorgeht, für die Fühlgrenze, für den Musikbereich und für den Sprachbereich unterschiedlich. Man muß diese Grenze aber nicht nur in Abhängigkeit des Schalldrucks sehen, sondern ebenso wichtig ist auch die Frequenz.

Die Grenze, von der Schwingungsdichte her gesehen, verläuft von 0—20000 Hz. Menschliche Sprache nehmen wir von 100—12000 Hz wahr, Musik von 50—150000 Hz, die Fühlgrenze befindet sich zwischen 10 und 20000 Hz.

Menschliche Sprache erzeugt einen Schalldruck von 40—80 dB, Musik von 20—100 dB, und die Fühlgrenze verläuft von 0—120 dB.

Wenn ein geistigbehindertes Kind auf Töne, Klänge und Geräusche nicht reagiert,
> ist es denkbar, daß die Hörschwelle nicht erreicht wird. Deshalb wird man in den Frequenzen und in dem Schalldruck variieren, indem man weitere Töne, Klänge und Geräusche anbietet. Es ist ferner denkbar, daß das Kind an den auditiven Sensationen kein Interesse hat, weil sie für das Kind nicht bedeutsam sind. Es ist denkbar, daß die Töne, Klänge und Geräusche aufgenommen, aber nicht bewußt werden, daß also die Verarbeitungsfunktion (Hanselmann) gestört ist.
> Es ist denkbar, daß die auditiven Phänomene zwar wahrgenommen werden, daß aber die Ausgabefunktion gestört ist.

Lehrziele:
Der Erzieher soll fähig sein
— das Kind zu auditiven Wahrnehmungen anzuregen
— das Kind bei den Wahrnehmungsübungen zu beobachten

Das Kind soll fähig sein
— auditive Wahrnehmungen zu machen
— auf auditive Wahrnehmungen zu reagieren.

Lehrinhalte:
Das erste Geräusch, das den Säugling interessiert, sind die Schritte der Mutter, das Sprechen der Mutter und anderer Familienmitglieder. Auch das Singen und Summen wird ihm Freude machen. Man wird sich auch in Flüstersprache an das Kind wenden. Wichtig wären auch das Klingen von Saiteninstrumenten und weichen Blasinstrumenten. Auch das Knistern und Zerreißen von Papier wird das Kind aufhorchen lassen. Dann wird man zur Lautdiskrimination übergehen, auditive Phänomene erzeugen mit Personen und Instrumenten, ohne daß die Erzeuger zu sehen sind. Man kann Suchspiele mit Klängen und Geräuschen veranstalten. Schließlich wird man dem Kinde Gelegenheit geben, auditive Phänomene selbst zu erzeugen. Dazu benutzt das Kind Trommeln und Schlaghölzer, Löffel und Becher und auch Zeitungspapier.

5.1.4. Förderung der Sprache

Wichtig zu wissen ist, daß das Kind dauernd mit Sprache umgeben wird. Alles, was wir mit dem Kind tun, wird mit Sprache begleitet. Wir „tauchen" gewissermaßen das Kind in Sprache.

Hinzu muß natürlich auch das Üben der Sprechwerkzeuge passiv und aktiv durch Saugen, Lecken, Schmatzen, Lutschen, Kauen und Pusteübungen bei dem Kinde erfolgen. Auch die Bedeutungsverleihung muß geübt werden. Dabei halten wir uns an die 3-Stufen-Lektion von Maria Montessori:

Das ist . . .
Gib mir . . .
Was ist das?

Nähere Ausführungen dazu finden Sie in der „Handbücherei für die Unterrichtsplanung und Unterrichtsgestaltung in der Schule für Geistigbehinderte (Sonderschule)" Bd. 9 Sprecherziehung, 1978 erschienen und in dem Bd. 10 Spracherziehung, 1981 in Dortmund erschienen.

Lehrziele:
Für den Erzieher:
Der Erzieher soll fähig sein
— das Kind dauernd mit Sprache zu umgeben
— Übungen an den Sprachwerkzeugen spielerisch vorzunehmen.

Für das Kind:
Das Kind soll fähig sein
— die Sprache des Erziehers aufzunehmen
— Übungen an den Sprachwerkzeugen zu gewähren oder selbst mitzumachen.

5.2. Kognitive Förderung im Elementarbereich (bis zum 6. Lebensjahr)

Im Elementarbereich werden die Übungen aus dem frühkindlichen Bereich systematisch fortgesetzt und im Schwierigkeitsgrad angehoben. Hinzu kommt die Erziehung zur Soziabilität. Während im Frühbereich das einzelne Kind im Vordergrund stand, wird jetzt auch der Partner und die Kleingruppe gesehen. Die Erziehung verlagert sich von der häuslichen Familienerziehung zur Erziehung im Sonderkindergarten.

5.2.1. Förderung der emotional-sozialen Erziehung

Das Erweisen von Zärtlichkeiten, wie sie dem Kind im häuslichen Millieu erwiesen werden, wird beibehalten. Die Erzieherinnen im Elementarbereich gehen freundlich auf die Kinder zu, begrüßen sie, geben ihnen entsprechend ihren Wünschen das Spielzeug. Sie loben die Kinder für angemessenes Verhalten und tadeln sie, wenn sie sich falsch verhalten. Das Loben braucht nicht nur durch Sprache zu geschehen, sondern kann auch durch Gesten erfolgen (Sporken, Mittelbereich), indem man dem Kinde über den Kopf streichelt, auf die Schulter schlägt oder es auch in den Arm nimmt und an sich drückt.

Neu ist auf dieser Stufe, daß das einzelne Kind die Erfahrung macht, daß außer ihm auch noch andere Kinder im Raum sind und daß es schön ist, mit anderen Kindern gemeinsam etwas zu unternehmen. Eine wichtige Voraussetzung dafür ist sowohl die Förderung der Lösung der Eltern-Kind-Verklammerung als auch die Entwicklung der Ich-Fähigkeit (siehe auch Hofmann, 1979, S. 164 ff.); denn der Mensch steht ja immer in dem Spannungsverhältnis zwischen Ich und Du und Wir.

Wir können davon ausgehen, daß Kinder im Elementarbereich bisher wenig Gelegenheit hatten, mit anderen Kindern in Verbindung zu treten trotz der Vorschläge, die der Bildungsrat 1973 (S. 53) gegeben hat, Kinder im Frühbereich zunächst in der Hausfrüherziehung, dann in der Wechselgruppe und schließlich in der Spielgruppe zu fördern. Viele Kinder zeigen Fremden gegenüber eine gewisse Scheu. Diese Scheu kann abgebaut werden, indem die enge Bindung zu den Familienmitgliedern zurückgenommen und vorsichtig Beziehungen zu den Kindern im Sonderkindergarten hergestellt werden. Dieser „Abnabelungsprozeß" oder der weitere Prozeß der „Entbindung" kann dadurch gefördert werden, daß die Mutter zunächst noch in dem Raum bleibt, sich später einige Zeit aus dem Raum entfernt, dann allmählich länger fortbleibt, bis das Kind Sicherheit und Geborgenheit auch bei anderen Leuten findet. Dabei spielt das Verhalten der Erzieher eine wichtige Rolle. Sie müssen sich deutlich dem Kinde zuwenden, sich mit ihm beschäftigen, ihm das Gefühl der Geborgenheit durch persönliche Zuwendung vermitteln und ihm das Gefühl der Sicherheit geben, indem sie ihm einen festen Sitzplatz anweisen, mit einem Stuhl, einem Tisch, einem Fach und später auch mit einem Nachbarn. Auf den Nachbarn wird im Spiel auch die Aufmerksamkeit gerichtet. Wesentlich ist auch der Aufbau des Selbstwertgefühls und des Eigenwertbewußtseins, indem das Kind gelobt und in seiner Tätigkeit anerkannt wird. Diesen Prozeß des allmählichen Eingliederns in die Gruppe, der nur möglich ist durch den Aufbau der Ich-Fähigkeit und durch allmählichen Aufbau von Beziehungen zu den anderen, nennt man auch „Einträufeln". Damit soll gesagt sein, daß das behinderte Kind, das in den Sonderkindergarten aufgenommen wird, nicht sofort mit der gesamten Gruppe konfrontiert wird, sondern in einem langen Prozeß die einzelnen Gruppenmitglieder kennen und schätzen lernt, wobei dem Erzieher deutlich sein muß, daß der Aufbau von Partnerschaften erst in der Unterstufe der Schule für Geistigbehinderte möglich ist.

Lehrziele:
Für die Erzieher:
Die Erzieher sollen fähig sein
— dem Kind Zärtlichkeiten zu erweisen
— dem Kind Anerkennung und Sicherheit zu vermitteln
— dem Kind Partnererfahrungen zu vermitteln
— den „Abnabelungsprozeß" von den Eltern zu fördern
— Hilfen bei der Ich-Findung zu gewähren.

Für das Kind:
Das Kind soll fähig sein
— Zärtlichkeiten von den Erziehern zu empfangen
— Wünsche nach Spielzeug zu äußern, auf andere Kinder zuzugehen und sie zu begrüßen
— Anerkennung und Sicherheit zu erfahren
— Partnererfahrungen zu machen
— die Eltern-Kind-Verklammerung allmählich zu lösen
— Ich-Findung zu erfahren.

Lehrinhalte:
Jeden Morgen gemeinsame Begrüßungszeremonien untereinander:
Guten Morgen, ich heiße Helga . . . .
Die Kinder können Wünsche äußern, was sie zu spielen wünschen. Die Kinder bauen, der Erzieher weist auf die Bauten der anderen hin und regt an, gemeinsam einen viel höheren Bau zu errichten.
Die Erzieher zeigen jedem Kind seinen Platz, seinen Stuhl, seinen Tisch, seinen Tornister, seine Mütze, sein Mäntelchen.
Sie weisen auf den Sitznachbarn und regen beide Kinder an, sich zu begrüßen und ihre Namen zu nennen.
Die Erzieher führen mit dem Kinde und mit der Gruppe gemeinsam Spiele durch: Mein rechter Platz ist leer . . . .
Die Kinder lernen, daß jede Person einen Kopf mit Augen, Ohren, Haaren und Mund hat, daß sie einen Bauch, einen Rücken hat, daß sie Arme, Hände, Finger, Beine, Füße, Zehen hat.
Die Kinder lernen, daß der Körper mit Schuhen, Strümpfen, Hosen, Röcken, Pullovern, Blusen und Jacken bekleidet ist. Sie lernen, daß man im Winter oder bei Regen einen Mantel anzieht und eine Mütze aufsetzt. Sie lernen dabei, daß man diese Kleidungsstücke nicht austauschen kann. Sie lernen, daß aus Helga nicht Ulrike wird, wenn sie die Kleider tauschen. Sie finden so ihre Identität, ihr Ich.
Die Kinder werden vor einen großen Spiegel gestellt und nennen ihre Körperteile.
Die Kinder bringen von sich Fotos mit und zeigen sie herum.
An Hand von Tapetenresten bilden wir die Körper und Körperteile der Kinder ab.

An Hand von Anschauungsbildern werden junge und alte Menschen gezeigt und als Männer und Frauen identifiziert und als Jungen und Mädchen. Jungen und Mädchen werden auch unbekleidet vorgestellt. Dabei können auch die Namen der Geschlechtsteile gelernt werden.

Mann und Frau werden ebenfalls unbekleidet auf Anschauungsbildern gezeigt. Die Unterschiede werden festgestellt.

5.2.2. Förderung der Bewegungserziehung

Wir setzen hier voraus, daß die Kinder selbständig gehen können, was sicherlich nur auf einen Teil der geistigbehinderten Kinder zutrifft. Es ist wichtig in der Bewegungserziehung, daß die Körperkontrolle und Körpererfahrung weiter gefördert werden. Dabei wird auf Vielfalt der Bewegungsmöglichkeiten geachtet, auf die Beweglichkeit und Schnelligkeit des Körpers, es wird auf die Organkräftigung und Ausdauer geachtet, wobei der Erzieher sich genaue Informationen über die körperliche Belastbarkeit eines jeden einzelnen Schülers beschaffen muß, und es ist wichtig, daß der Schüler Sozialerfahrungen innerhalb der Bewegungserziehung machen kann. Darüber hinaus ist die Bewegungserziehung eingebettet in die Wahrnehmungserziehung und in die Spracherziehung.

Lehrziele:
Für den Erzieher:
Der Erzieher soll fähig sein
— sich über den Gesundheitszustand der Kinder zu informieren
— aus diesen Informationen Konsequenzen in den Anforderungen an das einzelne Kind zu ziehen
— Übungen zur Bewegungstüchtigkeit mit dem Kind vorzunehmen, und zwar sowohl im Hinblick auf den ganzen Körper als auch auf Körperteile
— Übungen vorzunehmen, die der Schnelligkeit des Bewegungsablaufs dienen
— Übungen zur Organkräftigung und zur Ausdauer mit den Kindern vorzunehmen
— Übungen zu gestalten, die der Sozialerziehung der Kinder dienen
— Übungen zur Bewegungserziehung einzubetten in Übungen zur Wahrnehmungserziehung und zur Spracherziehung
— Übungen vorzunehmen mit den verschiedenen Rahmen, die Montessori anbietet.

Für das Kind:
Das Kind soll fähig sein
— sich zu melden, wenn es körperlich zu stark beansprucht wird
— an Übungen teilzunehmen, die der Beweglichkeit, der Schnelligkeit, der Organkräftigung, der Ausdauer und der Soziabilität dienen
— Übungen an den verschiedenen Montessori-Rahmen vorzunehmen.

Lehrinhalte:

Wir lassen die Kinder gehen, im Kreise, hintereinander, nebeneinander, vorwärts, rückwärts, seitwärts, an den Wänden des Raumes entlang, diagonal. Die Kinder bewegen sich oder gehen in Ruhe über, wenn ein Zeichen gegeben wird.

Wir führen ähnliche Übungen durch im Lauf.

Wir machen Kriechübungen mit dem Rücken nach oben, mit dem Bauch noch oben, an Hindernissen vorbei und hindurch (Stuhlbrücken usw.). Wir lassen die Kinder auf einem Strich entlanggehen, ohne Gerät, später mit Gerät, mit einem Glas Wasser.

Wir lassen die Kinder gehen, laufen, springen, regeln die Geschwindigkeit durch Begleitung mit einem Musikinstrument, Klavier, Flöte, Gitarre, Trommel, Holzstäbe o. ä.

Weitere Anregungen und Hinweise für die Gestaltung finden Sie in der „Handbücherei für die Unterrichtsplanung und Unterrichtsgestaltung in der Schule für Geistigbehinderte (Sonderschule)", Bd. 7, Rhythmische Erziehung, Bd. 8, Bewegungserziehung an der Schule für Geistigbehinderte, Bd. 16, Beispiele für die Unterrichtsgestaltung und Unterrichtsdurchführung.

Die Kinder sollen einen Ball, eine Kugel, einen Reifen durch den Raum rollen. Sie rollen die Kugel an der Innenseite des Reifens, der auf der Erde liegt. Die Kinder führen Tätigkeiten mit bewegtem Material aus; sie springen in tanzende Reifen, laufen dem rollenden Reifen nach, sie schwingen Tücher, ahmen Bewegungen nach: springen wie ein Ball, laufen wie eine Katze usw.

Die Kinder hören Töne, Klänge oder Geräusche und laufen auf sie zu.

Es werden Gegenstände vor den Augen der Kinder bewegt, die sie mit ihren Augen verfolgen, bis sie aus dem Gesichtsfeld verschwinden.

Die Kinder lernen Begriffe wie langsam, schnell, hoch, tief, laut, leise.

Sie lernen Farbbegriffe wie Rot, Gelb, Grün, Blau.

Sie lernen Formbegriffe wie rund, eckig.

Sie lernen Materialbegriffe wie Holz, Stoff, Papier.

Sie lernen Gegenstände kennen wie Ball, Stab, Tamburin, Reifen, Schlagholz, Trommel, Klavier, Flöte.

Die Kinder lernen Tätigkeiten an den Montessori-Rahmen:
— Rahmen mit kleinen Knöpfen,
— Rahmen mit großen Knöpfen,
— Rahmen zum Schleifenbinden,
— Rahmen zum Schnüren,
— Rahmen mit Haken und Ösen,
— Rahmen mit Sicherheitsnadeln,
— Rahmen mit Druckknöpfen,
— Rahmen mit Reißverschluß,
— Rahmen mit Gürtelschnallen.

Sie lernen das Mitlauten einzelner Laute wie hm, rool, nanuh, tralala, pum, pam.

Im Bereich der Sozialerfahrung geben wir den Kindern Gelegenheit, den Partner zu erfahren durch Ertasten, durch akustische Wahrnehmung und durch die optische Wahrnehmung. Wir lassen die Kinder kooperieren, konkurrieren und kommunizieren und geben ihnen die Gelegenheit, gemeinsam zu spielen, vielleicht auch Spielvarianten zu erfinden. Anregungen dazu finden wir in der „Handbücherei für die Unterrichtsplanung und Unterrichtsgestaltung in der Schule für Geistigbehinderte (Sonderschule)", Bd. 8, Irmischer, Tilo, Bewegungserziehung an der Schule für Geistigbehinderte, Dortmund 1981 und Frostig, Marianne, Bewegungserziehung, Dortmund 1975[2]. Deutscher Sportbund, Bewegung, Spiel und Sport mit geistig behinderten Kindern, Frankfurt 1982.

5.2.3. Förderung der Wahrnehmungsfähigkeit

Die Förderung der Somästhesie (Körperliches Empfindungsvermögen)

Lehrziele:
Für den Erzieher:
Der Erzieher soll fähig sein
— dem Kinde einen anschaulichen Begriff seines eigenen Körpers zu vermitteln
— dem Kinde einen anschaulichen Begriff des Körpers anderer zu vermitteln
— dem Kinde einen anschaulichen Begriff von den Eigenschaften verschiedener Materialien zu vermitteln
— für die dem Kinde vermittelten Begriffe auch Namen zu verwenden.

Für das Kind:
Das Kind soll fähig sein
— einen anschaulichen Begriff von seinem Körper zu erhalten
— einen anschaulichen Begriff von dem Körper anderer Kinder zu erhalten
— einen anschaulichen Begriff von verschiedenen Materialien und ihren Eigenschaften zu erhalten
— die Namen für die anschaulich vermittelten Begriffe zu nennen.

Lehrinhalte:
Die Kinder streicheln sich gegenseitig über den Kopf und die Wangen, über die Hände und sprechen dabei: „Ich streichle deinen Kopf. Das ist schön." usw. Die Kinder berühren gegenseitig Stirn, Nase, Ohren, Lippen, Hals, Arme, Hände, Finger, Beine, Füße, Zehen, Bauch und Rücken und nennen die Namen der Körperteile.

Die Übungen werden an Puppen und Bildchen wiederholt und mit kleinen Liedchen und Verschen versehen.

Wir nehmen 2 Schalen mit Wasser verschiedener Temperaturgrade. Die Kinder tauchen ihre Hände ins Wasser und stellen fest: warm — kalt. Dann nehmen wir eine dritte Schale. Die Kinder lernen den Komparativ „wärmer" und „kälter" und stellen eine Reihe von warm zu kalt her.

Ähnlich gehen wir vor, wenn die Kinder Erfahrungen machen sollen mit den Oberflächenbeschaffenheiten von Gegenständen: glatt, rauh, hart, weich.

Förderung der chemischen Sinne

Lehrziele:
Für den Erzieher:
Der Erzieher soll fähig sein
— dem Kinde die Geschmacksqualitäten salzig, bitter, süß und sauer und deren Namen zu vermitteln
— dem Kinde die verschiedenen Geruchsqualitäten und deren Namen zu vermitteln; fruchtig, blumig, süß, wie Käse, Brot, Fisch usw.

Für das Kind:
Das Kind soll fähig sein
— die Geschmacksqualitäten salzig, bitter, süß und sauer in Abstufungen zu erkennen und zu benennen: salzig, sehr salzig, zu wenig salzig usw.
— Gerüche unterschiedlicher Qualitäten wahrzunehmen und zu benennen.

Lehrinhalte:
Die Kinder lernen salzig an Salz, bitter an Chinarinde, süß an Zucker und sauer an der Zitrone kennen. Dann geben wir ihnen Speisen, die sie selbst abschmecken müssen: zu wenig salzig, bitter, salzig, zu viel salzig usw.

Bei den Gerüchen lassen wir die Kinder an Seife riechen, wir benennen die Düfte, wir lassen sie noch an Blumen und Obst, an Brot, Wurst und Käse, an Fisch, an Pfefferminz riechen.

Vorsicht! Nicht zu starke Geschmacks- und Geruchsqualitäten vermitteln. Mit geschlossenen Augen Geschmacks- und Geruchsqualität wahrnehmen und benennen lassen.

Methodischer Hinweis: Jede Woche nur 1 Geschmacks- und Duftqualität! Nicht die Kinder verwirren!

Förderung der Raumerfahrung

Lehrziele:
Für den Erzieher:
Der Erzieher soll fähig sein
— die Kinder den Raum erfahren zu lassen und dabei Begriffe zu bilden: nah, weit, vorn, hinten, rechts, links, gerade, quer.

Für das Kind:
Das Kind soll fähig sein
— den Raum zu erfahren und Begriffe zu bilden: nah, weit, vorn, hinten, rechts, links, gerade, quer, ungerade.

Lehrinhalte:
Im Gymnastikraum oder in der Turnhalle, ferner auf dem Schulhof lassen wir die Kinder frei herumlaufen. Auf Pfiff versammeln sie sich. Dann schicken wir einzelne Kinder in eine Ecke des Raumes und lassen nach und nach die Kinder die Begriffe „nah" und „weit" in vielfältigen Ausprägungen erfahren. Die Kinder laufen gerade und quer über den Platz.

Emil steht rechts von Gerhard. Mein rechter Platz ist leer, mein linker Platz ist leer.

Karl steht vor Fritz.

Fritz steht hinter Karl.

Förderung der Kinästhesie (des Bewegungs- und Muskelsinnes)

Hier muß darauf geachtet werden, daß den Kindern nicht zu komplexe Muster angeboten werden, weil sie noch nicht in der Lage sind, sie differenziert aufzufassen (siehe Metzger, Wolfgang „Die Entwicklung der Gestaltauffassung in der Zeit der Schulreife").

Lehrziele:
Für den Erzieher:
Der Erzieher soll fähig sein
— die Kinder anzuregen, auf Tapetenresten mit großen Pinseln oder dicken Stiften Bewegungsvollzüge vorzunehmen, zunächst freie, dann gelenkte, indem einfache Striche und Muster nachgezogen werden.
— das Morgenstern-Material sachgerecht einzusetzen.
— den Pertra-Spielsatz sachgerecht einzusetzen:
  1. Das Zusammenwirken von Auge und Hand zu beherrschen
  2. Bestimmte Gegenstände auf jedem Unter- oder Hintergrund zu erkennen
  3. Formen und Figuren unterschiedlicher Größe und Farbe zu erkennen (Wahrnehmungskonstanz)
  4. Beziehungen zwischen sich und einem Gegenstand erklären können (Raumlage — Wahrnehmung)
  5. Räumliche Beziehungen wahrnehmen zu können

— das Kind anzuleiten, die Einsatz-Zylinderblöcke von Maria Montessori sachgerecht einzusetzen
— zur Förderung des Formsinnes und des Muskelsinnes geometrische Einsätze und geometrische Kommode einzusetzen.

Für das Kind:
Das Kind soll fähig sein
— auf Tapetenresten mit großen Pinseln oder dicken Stiften Bewegungen vorzunehmen und dabei den Faustgriff durch den Pinzettengriff abzulösen. Diese Bewegungen sollen zunächst frei, später auch gelenkt sein, indem einfache Striche und Muster nachgebildet werden
— Aufgaben mit dem Morgenstern-Material zu lösen
— Aufgaben des Pertra-Spielsatzes zu lösen:
  1. Das Zusammenwirken von Auge und Hand zu beherrschen
  2. Bestimmte Gegenstände auf jedem Unter- oder Hintergrund zu erkennen
  3. Formen und Figuren unterschiedlicher Größe und Farbe zu erkennen (Wahrnehmungskonstanz)
  4. Beziehungen zwischen sich und einem Gegenstand erklären können (Raumlage-Wahrnehmung)
  5. Räumliche Beziehungen wahrnehmen zu können.

Lehrinhalte:
Die Kinder malen im Faustgriff und im Pinzettengriff mit großen Pinseln oder Stiften Striche, Kreise und einfache Muster auf großes Packpapier oder auf Tapetenreste.
Das Morgenstern-Material kommt zum Einsatz.
Der Pertra-Spielsatz kommt zum Einsatz.

Förderung der Haptik (Tastempfindlichkeit)

Hier sollen die Schüler Gegenstände durch Tasten wiedererkennen und benennen können.

Das Gedächtnis wird geübt, indem mehrere Gegenstände zugleich versteckt werden.

Diese Übungen dienen aber nicht nur der Wahrnehmungsdifferenzierung, sondern gleichzeitig auch der Förderung der Gedächtnistätigkeit und der Sprache.

Lernziele:
Für den Erzieher:
Der Erzieher soll fähig sein
— unter einer Decke Gegenstände verschwinden und durch Kinder mit geschlossenen Augen durch Tasten erkennen und benennen zu lassen
— verschiedene Gegenstände in verschiedene Kästen zu verstecken
— geometrische Körper von Montessori sachgerecht einzusetzen

Für das Kind:
Das Kind soll fähig sein
— Gegenstände, die der Erzieher versteckt hat, mit geschlossenen Augen zu erkennen und zu benennen

- Gegenstände, die der Erzieher in verschiedenen Kästen vor den Augen der Kinder versteckt hat, wiederzufinden und zu benennen
- geometrische Körper von Montessori zu unterscheiden, zu tasten, zu benennen.

Lehrinhalte:
Der Erzieher versteckt alle möglichen Gegenstände, die er vorher den Kindern gezeigt hat und die die Kinder in Händen gehalten und deren Namen sie erfahren haben. Das können Arbeitsmaterialien und Spielzeuge sein. Besondere Beachtung finden die Montessori-Materialien „Geometrische Körper".

Förderung der visuellen Wahrnehmungsfähigkeit

Auf dieser Stufe steht die Überwindung der figuralen Wahrnehmung, die einfache Wahrnehmung von Gegenständen ist, im Vordergrund. Sie soll übergeleitet werden zur Strukturwahrnehmung, d. h. das Kind soll dahin geführt werden, die wahrgenommenen Gegenstände auch ordnen zu können, indem es die Struktur der Gegenstände erfaßt.

Lehrziele:
Für die Erzieher:
Die Erzieher sollen fähig sein
- Farben und Formen dem Kinde zu zeigen und zu benennen
- andere Gegenstände dem Kinde zu zeigen und zu benennen
- Farben, Formen und andere Gegenstände dem Kinde zu geben und ordnen zu lassen
- dem Kinde Puzzles zum Zusammensetzen zu geben
- mit dem Kinde Memory zu spielen
- das Kind anzuregen, die Gegenstände zu ordnen und evtl. Reihenbildungen vorzunehmen.

Für das Kind:
Das Kind soll fähig sein
- Farben und Formen zu unterscheiden und zu benennen
- andere Gegenstände wie Steine, Erbsen, Bohnen, Legosteine usw. zu unterscheiden und zu benennen
- Farben, Formen und Gegenstände zu ordnen
- Puzzles zusammenzusetzen
- mit Memories zu spielen
- Ordnungsübungen vorzunehmen und Reihenbildungen nachzuahmen

Lehrinhalte:
Nach dem didaktischen Prinzip der Isolierung von Schwierigkeiten wenden wir uns zunächst dem Montessori-Material zu. Wir geben dem Kinde die Farbtäfelchen (Rot, Blau, Gelb in Paaren) und geben ihm dazu die Farbbe-

zeichnung. Das Kind ordnet das eine rote Täfelchen dem anderen roten Täfelchen zu, usw. Dabei achten die Erzieher darauf, daß die Begriffsbildung in 3 Stufen erfolgt:
1. Das Herstellen der Beziehung von Wahrnehmung und Namen, z. B. „Das ist Rot".
2. Das Wiedererkennen des mit dem Namen bezeichneten Gegenstandes. Das Aufnehmen des Gegenstandes in den passiven Sprachgebrauch, z. B. „Gib mir Rot".
3. Das Aufnehmen des Gegenstandes in den aktiven Sprachgebrauch, z. B. „Was ist das?".

Danach geben wir dem Kinde die Farbtäfelchen mit den 11 verschiedenen Paaren, dann mit 32 Paaren, schließlich die verschiedenen Kästchen mit den Farbabstufungen.

Wir arbeiten also nach den 3 Prinzipien: Gleichheit oder Identität,
Gegensatz oder Kontrast,
Abstufungen.

Wir geben den Kindern Fröbel-Materialien in die Hand, den Würfel, die Kugel, die Walze und den geteilten Würfel und lassen das Kind Erfahrungen damit sammeln.

Wir geben ihm Bauklötze oder Legosteine oder ähnliches Material in die Hand, damit sie kreativ damit umzugehen lernen.

Wir geben dem Kinde Plättchen, Knicker, kleine Steinchen, Erbsen, Bohnen, Linsen, Kastanien oder Eicheln in einen Teller und regen das Kind an, Ordnungsübungen vorzunehmen: gleich zu gleich, Reihenbildungen u. ä.

Wir geben den Kindern einfache Puzzles und lassen sie zusammensetzen.

Wir spielen mit ihnen Memory.

Wir geben den Kindern Perlen verschiedener Farben und Größe und fädeln verschiedene Muster zum Nachahmen.

Ähnliches machen wir mit Steinchen verschiedener Größe.

Förderung der auditiven Wahrnehmung

Die Förderung der auditiven Wahrnehmung geschieht ganz ähnlich, nach denselben didaktischen Prinzipien.

Lehrziele:
Für die Erzieher:
Die Erzieher sollen fähig sein
— die Aufmerksamkeit des Kindes auf Hörphänomene zu richten
— Geräusche herzustellen und durch das Kind identifizieren zu lassen
— Klänge und Töne herzustellen und durch das Kind identifizieren zu lassen

- dem Kind die Begriffe tief, hoch, tiefer, höher, laut, leise usw. nahezubringen
- Tierlaute herzustellen und Geräusche in der Schule, im Haushalt zu Hause und Geräusche auf der Straße usw. dem Kind zu Gehör zu bringen, sie identifizieren und benennen zu lassen.

Für das Kind:
Das Kind soll fähig sein
- die Aufmerksamkeit auf Hörphänomene zu richten
- Geräusche, Töne und Klänge wahrzunehmen, zu identifizieren und zu benennen
- Höhenunterschiede und Unterschied im Schalldruck bei Tönen und Klängen wahrzunehmen und zu benennen.

Lehrinhalte:
Wir bieten dem Kinde zunächst natürliche Geräusche seiner Umgebung an: Sprache laut und leise, Gehen laut und leise, Schnalzen mit der Zunge, Räuspern usw. Stimmen der Mutter, des Vaters, der Lehrer, der Mitschüler.

Dann wenden wir uns dem Montessori-Material zu und geben dem Kinde die Geräuschdosen. Das Kind macht Zuordnungsübungen und Ordnungsübungen im Hinblick auf Gleichheiten und Abstufungen. Wir beginnen mit den Kontrasten.

Dreistufenlektion wie bei der Förderung der visuellen Wahrnehmung beachten!

Auch hier werden die Begriffe „laut" und „leise" eingeübt, danach auch die Begriffe „lauter" und „leiser" und schließlich auch „ am lautesten" und „am leisesten".

Ähnlich arbeiten wir mit den Glocken. Dabei erarbeiten wir die Begriffe: hoch, tief, höher, tiefer, am höchsten, am tiefsten, höher als, tiefer als. Die Reihenbildung kommt hinzu.

Mit Hilfe der „Elementaren Verkehrserziehung", Stop-Verlag Wuppertal, erarbeiten wir im Rahmen der „Lebenskundlichen Orientierung" unter der Thematik „Unser Zoo" einige Tierlaute, im Rahmen der Thematik „Was Mutter tut" Geräusche im Haushalt, ferner Geräusche in der Schule und Geräusche auf der Straße usw.

5.2.4. Förderung Spracherziehung

Entwicklungshemmungen sind immer zugleich auch Sprachentwicklungshemmungen, die oft mit weiteren Sprachbeeinträchtigungen einhergehen, denn wenn wir die Intelligenz operationalisieren, stoßen wir dabei auch auf die Sprache.

Geistigbehinderte Kinder sind deshalb auch immer Kinder mit Sprachentwicklungshemmungen. Schon im frühkindlichen Bereich muß der Erzieher Obacht auf die Förderung der Sprachentwicklung geben. Im Elementarbereich wird diese Förderung fortgesetzt, und zwar einmal im Hinblick auf Erweiterung des Wortschatzes und auf Einhaltung der syntaktischen Formen, womit auch die Flexionen der Wörter gemeint sind (d. h. der Biegung und Beugung der Hauptwörter, der Eigenschaftswörter und der Tätigkeitswörter).

In der Sprecherziehung werden die aktiven und passiven Übungen mit den Sprechwerkzeugen fortgesetzt. Besondere Aufmerksamkeit widmen wir der richtigen Artikulation. In diesem Zusammenhang sei auf den Band 9 der „Handbücherei für die Unterrichtsplanung und Unterrichtsgestaltung in der Schule für Geistigbehinderte (Sonderschule)" „Sprecherziehung" von Karl-Heinz Flehinghaus, Dortmund 1978, verwiesen.

Auch die eigentliche Spracherziehung wird aus dem frühkindlichen Bereich in dem Elementarbereich weitergeführt. Die Wortschatzerweiterung gewinnt besonders in der Sinneserziehung an Bedeutung, wenn wir den Kindern Gegenstände oder deren Abbildungen vorlegen. Wir erzählen auch zur Wiederholung durch die Kinder kleine Geschichten und lehren sie kleine Verschen zum Nachsprechen. Hier sei auf Bd. 10 der Reihe „Handbücherei für die Unterrichtsplanung und Unterrichtsgestaltung in der Schule für Geistigbehinderte (Sonderschule)" Dortmund 1981 „Spracherziehung" von Karl-Heinz Flehinghaus verwiesen.

5.3. Kognitive Förderung im schulischen Bereich auf der Vor- und Unterstufe

Die Förderung, die die Kinder im Sonderkindergarten oder im Kindergarten, also im Elementarbereich, erfahren haben, wird in der Schule fortgesetzt. Dabei verlieren einige Bereiche an Bedeutung, sie werden nicht mehr in gleicher Intensität mit den Kindern durchgearbeitet, vielmehr tritt eine Verschiebung mit Spezialisierung und Erweiterung ein, z. B. steht die Sinneserziehung nicht mehr so sehr im Vordergrund, sondern die Auseinandersetzung mit der Umwelt, die wir lebenskundliche Orientierung nennen. Die Kenntnisse und Fertigkeiten der Sinneserziehung finden hier ihre Anwendung. Auch in der Bewegungserziehung stellen wir einerseits eine Spezialisierung fest, wenn wir besonders die Feinmotorik der Hand als Vorbereitung auf das Schreibenlernen üben, andererseits stellen wir eine Erweiterung fest, wenn wir sehen, daß jetzt nicht mehr in erster Linie an die Bewegungsfähigkeit des einzelnen gedacht ist, sondern daß vielmehr die Bewegungsfähigkeit des einzelnen im Hinblick auf einen Partner im Vordergrund steht.

5.3.1. Förderung des Sozialverhaltens

Nachdem sich im Elementarbereich das Kind von den Familienmitgliedern ein wenig gelöst hat und zur Erfahrung der eigenen Person gelangt ist, geht es nun in der Schule in der Vor- und Unterstufe im wesentlichen um den Aufbau einer ersten Partnerschaft. Die Bindung Kind-Erwachsener soll durch die Kind-Kind-Beziehung erweitert werden. Das andere Kind soll dem Mitschüler ein wichtiger und gleichwertiger Partner werden. Dabei sollte der Lehrer darauf achten, daß sich zunächst die Partnerschaft aus der Sympathie ergibt, d. h. der Lehrer sollte sorgfältig seine Schüler beobachten und feststellen, welche Schüler am besten zusammenpassen und gern miteinander umgehen, um so erste Partnerschaften aufbauen zu können, die dann zu einer Zweierpartnerschaft, danach zu einer Dreierpartnerschaft und schließlich zur Gruppe ausgedehnt werden soll. Das Ziel der Sozialerziehung ist selbstverständlich, daß die Schüler auch Mitschüler annehmen, die ihnen nicht gleich sympathisch sind. Dieses Ziel steht am Ende, nicht am Anfang der Sozialerziehung. Zuerst muß der Schüler viele positive Erfahrungen mit anderen Schülern machen, er muß erlebt haben, wie schön es ist, etwas mit einem anderen Schüler gemeinsam erstellt zu haben. Erst danach ist es möglich, daß der Schüler versucht, gemeinsam mit einem Schüler, der ihm nicht besonders sympathisch ist, etwas gemeinsam zu erarbeiten.

Lehrziele:
Lehrziele für den Erzieher:
Der Erzieher soll fähig sein
— mit den Schülern gemeinsam zu spielen
— die Schüler zu gemeinsamen Aktivitäten anzuregen
— mit den Schülern gemeinsam zu feiern
— die Schüler dahin zu bringen, daß sie den anderen als gleichwertiges Du annehmen.

Lehrziele für den Schüler
Der Schüler soll fähig sein
— gemeinsam mit anderen Schülern zu spielen
— sich gemeinsam mit anderen Schülern zu Aktivitäten anregen zu lassen
— gemeinsam mit anderen Schülern zu feiern
—. den anderen Schüler als gleichwertiges Du anzunehmen.

Lehrinhalte:
Der Erzieher veranstaltet kleine Spiele, damit die Schüler sich die Namen der Mitschüler einprägen können.

Der Erzieher veranstaltet gemeinsam mit den Schülern Morgenfeiern, Geburtstagsfeiern, Feiern zu anderen Festtagen.

Dabei läßt er die Schüler bei der Gestaltung mitwirken, indem sie den Raum gemeinsam schmücken, Vorschläge für Geschenke machen usw.

Er gibt einzelnen Schülern Arbeitsaufträge, die sie gemeinsam lösen müssen.

Er lobt einen Schüler beim Bauen und regt ihn an, gemeinsam mit seinen Freunden einen noch höheren Turm zu bauen.

Er sucht Partnerspiele aus, zu zweit, zu dritt, stellt die Gruppierungen zunächst selbst zusammen, läßt dann die Schüler wählen. Ausführliche Hinweise sind zu finden in dem Bd. 14 der „Handbücherei für die Unterrichtsplanung und Unterrichtsgestaltung in der Schule für Geistigbehinderte (Sonderschule)", „Sozial- und Sexualerziehung in der Schule für Geistigbehinderte (Sonderschule)", erscheint demnächst.

5.3.2. Förderung der Bewegungserziehung

Die Bewegungserziehung im Elementarbereich findet in der Schule ihre Fortsetzung. Ausführliche Hinweise enthält der Bd. 8 der „Handbücherei für die Unterrichtsplanung und Unterrichtsgestaltung in der Schule für Geistigbehinderte (Sonderschule)", Irmischer, Tilo, „Bewegungserziehung an der Schule für Geistigbehinderte", Dortmund 1981, und das Buch von Marianne Frostig, Bewegungserziehung, München 1973. Allerdings bezieht sich diese Bewegungserziehung im wesentlichen auf die Grobmotorik, während die Förderung der Feinmotorik hier abgehandelt wird, weil sie einen Teil der Vorbereitung für den Leselehrgang darstellt, der selbst erst in der Mittelstufe beginnt. Die Kinder arbeiten jetzt nicht mehr nur mit großen Kreide- und Wachsmalstiften und mit großen Pinseln, sondern sie nehmen jetzt auch dünnere Stifte in die Hand. Sie malen auch nicht mehr auf Tapetenresten, sondern auf DIN-A4-Bogen und in Heften für den Schreibvorkurs. Sie arbeiten auch in den Heften des Marianne-Frostig-Programms „Visuelle Wahrnehmungsfindung", Dortmund 1972 als Fortsetzung des Umgangs mit dem Pertra-Material. Der Lehrer baut einen Schreibvorkurs auf. Der Lehrer sollte bei den Schreibvorübungen darauf achten, daß die Schüler sich beim Schreiben nicht verkrampfen, und er sollte die Schüler nicht in ihren Gestaltungsmöglichkeiten beschränken, sondern vielmehr immer wieder anregen, neue Bewegungen zu erfinden und neue Strichformen zu zeichnen. Es ist ein ganz großer Fehler, wenn die Schüler Vorgezeichnetes genau nachzeichnen oder gar mit Hilfe von durchsichtigem Papier nachfahren sollen, weil dadurch mit Sicherheit eine Verkrampfung herbeigeführt wird.

Ein wichtiges Übungsmittel sind auch Fröbels Übungen mit dem Beschäftigungsmaterial, Übungen also mit den Faltblättern zum Falten, Kleben, Schneiden und Flechten.

Lehrziele für die grobmotorischen Übungen finden wir bei Irmischer.

Lehrziele für die feinmotorischen Übungen:
Für den Lehrer:
Der Lehrer soll fähig sein
— einen Schreibvorkus zusammenzustellen
— die Schüler anzuleiten, im Spitz- bzw. Pinzettengriff zu malen und zu schreiben
— das Beschäftigungsmaterial von Fröbel einzusetzen.

Für den Schüler:
Der Schüler soll fähig sein
— die Übungen mitzumachen, die im Schreibvorkurs von ihm verlangt werden
— mit dem Spitz- oder Pinzettengriff zu malen und zu schreiben
— mit dem Beschäftigungsmaterial von Fröbel sinnvoll umzugehen.

Lehrinhalte:
Der Schreibvorkurs:
Der Lehrer beginnt mit dicken Stiften auf Tapetenresten, später wählt er Schreibpapier ohne Linien aus und läßt mit Buntstiften, Bleistiften und schließlich auch mit Kugelschreibern Kreise malen, zuerst rechts herum, dann links herum.

Dann geht er über zu Doppelschleifen ebenfalls abwechselnd in beiden Richtungen.

Es folgen dann Schleifen mit unterschiedlichen Größen

Dann kommen Girlanden , zuerst gleichgroß, dann mit unterschiedlichen Bogengrößen .

Daran schließen sich Arkaden an ∩∩∩∩∩, wieder zuerst gleichgroß, dann mit Bogen unterschiedlicher Größe ∩∩∩∩∩.

Es folgen Striche, zuerst senkrecht ||||, auch zuerst gleichgroß, dann in unterschiedlicher Größe ||||| , danach waagerecht —, einzeln in unterschiedlicher Länge und auch übereinander, ≡ , schließlich auch schräge /// \\\ .

Ferner werden folgende Formen gezeichnet: ( ) ⊔ ⊓ ⌐⌐ ( ).

Dabei lassen wir den Kindern auch freie Gestaltungsmöglichkeiten, Kombinationen und Implikationen. Wir regen die Kinder zu symbolhaften Zeichnungen an:

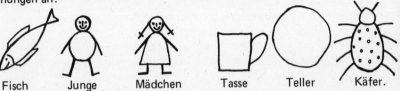

Fisch   Junge   Mädchen   Tasse   Teller   Käfer.

Am Ende der Unterstufe erreichen die Formen die Buchstabengröße in einem Schreibheft.

Der Lehrer gibt den Schülern Schälchen mit farbigen Perlen und mit Perlen unterschiedlicher Größe und zeigt ihnen das Perlenaufreihen. Er läßt Muster nachbilden und Muster erfinden. Er läßt auch aus dem Gedächtnis nachbilden.

Er macht mit den Schülern Reißarbeiten, Schneid- und Klebearbeiten. Bei den Schneideübungen mit der Schere sollte der Lehrer wissen, daß es Greifscheren für Kinder und Lernscheren für behinderte Kinder gibt (siehe Lekis), auch Papierscheren für Kinder und für Linkshänder!

Mit den Würfeln läßt der Lehrer die Kinder Türme bauen, mit den Legeplättchen baut er Mosaike, wiederum als Nachbildung und in freier Erfindung.

Er macht mit den Schülern Faltarbeiten und Flechtarbeiten.

5.3.3. Förderung der Wahrnehmungsfähigkeit und Entwicklung des Denkens

Das Wissen, daß sich die Kinder im Elementarbereich angeeignet haben über Farben, Formen, Größe, Gewichte, Helligkeitsabstufungen, Wärmeunterschiede, Geräusche, Klänge, räumliche Beziehungen, Materialeigenschaften, Geschmacksdifferenzierungen, Geruchsdifferenzierungen und deren Bezeichnungen, wird weiterhin gefestigt. Diese mehr „figurale" Anschauung wird nun ergänzt durch die „Strukturanschauung" (Wittmann) und die kategoriale Anschauung (Klafki). Deshalb bieten wir den Schülern differenzierte Gebilde an. Wir lassen die Schüler Konfigurationen entdecken, die in anderen Gebilden impliziert sind, wir lassen die Schüler bekannte Konfigurationen mit anderen Konfigurationen zu neuen Kombinationen verbinden.

Die wichtigsten geistigen Tätigkeiten sind das Trennen und das Verbinden. Im Verbinden stellen wir eine Synthese des Getrennten, ein Zusammen her, im Trennen gehen wir analytisch vor, lösen auf und stellen ein Auseinander her.

Im beziehlichen Auffassen, bei Vergleichen, Zuordnen und Beziehen stellen wir eine gerade Linie zwischen den Gegenständen her.

Ein Zitat zu dem Begriff der Strukturanschauung, wie Wittmann sie gesehen haben möchte: „Somit stützt sich das Trennen auf die Anschauung des Auseinander, das Verbinden auf die Anschauung des Zusammen, das beziehliche Auffassen auf die Anschauung des Geraden. Beim Trennen und Verbinden sind die Anschauungen des Auseinander und des Zusammen stets eng miteinander verbunden. Das Auseinander kann nur von einem Zusammen her erfaßt werden und das Zusammen nur von einem Auseinander. Die Herstellung eines Auseinander geht immer von einem Zusammen aus und schließt das Bewußtsein davon ein; umgekehrt geht die Herstellung eines Zusammen immer von einem Auseinander aus und schließt das Bewußtsein davon ein." (Wittmann, Johannes, Einführung in die Praxis des ganzheitlichen Unterrichts, in Z. Ganzheit und Schule, Heft 5./6., Dortmund 1950, S. 117). Die Kinder müssen aber die vielfältigen Weisen des Zusammen, des Auseinander, des Geraden und des Gebogenen und des Umherum auffassen und durch Wörter auszudrücken lernen. Durch vielfältige Übungen müssen wir die Schüler von der figuralen Anschauung in die Struktur-Anschauung und in die kategoriale Anschauung überleiten. Dabei schulen wir auch die Aufmerksamkeit und das Gedächtnis.

Lehrziele:
Für den Lehrer:
Der Lehrer soll fähig sein
— dem Schüler die Strukturanschauung und die kategoriale Anschauung zu vermitteln
— die Strukturen des Zusammen, des Auseinander, des Gebogenen und des Geraden u. a. zu vermitteln
— die Schüler zur Zahlbegriffsbildung im vornumerischen Bereich zu führen
— die Schüler anzuregen, Mächtigkeiten von Mengen zu vergleichen.

Für den Schüler:
Der Schüler soll fähig sein
— Strukturen von Gegebenheiten zu erfassen
— die Strukturen des Zusammen, des Auseinander, des Gebogenen und des Geraden u. a. zu erfassen
— zur Zahlbegriffsbildung im vornumerischen Bereich zu kommen
— Mächtigkeiten von Mengen zu vergleichen.

Lehrinhalte:
Zur Struktur des Zusammen: Was alles zusammengehört: in der Klasse, im Tornister, zu Hause, auf der Straße, beim Kaufmann, usw. Dabei kommen auch Begriffe wie beieinander, verbinden, mischen, alles, häufig, vorher, nachher, Menge, Haufen, Gewölk, Herde, Familie usw. zur Anwendung.

Zur Struktur des Auseinander: Wir schneiden Papier, nehmen eine Kette auseinander, trennen Knetmasse, brechen Holz, es kommen Begriffe wie Schnitt, platzen, spalten usw. zur Sprache.

Zur Struktur des Gebogenen: wir biegen Äste, krümmen sie, wir verbeugen uns, wir nicken; wir zeichnen einen Kreis, einen Halbkreis, krumme Linien.

Zur Struktur des Geraden: wir zeichnen gerade Linien im Klassenraum, wir ziehen gerade Linien mit dem Bleistift, wir zeichnen gerade Gegenstände. Wir zeichnen Strahlen. Dazu verwenden wir Begriffe wie strecken, blicken, eckig, stachelig.

Ferner arbeiten wir die Struktur des Hohlen, des Umgebenden, des Steigenden und Fallenden, Begriffe wie breit, lang, kurz, schmal, flach, tief, rauh, glatt, spitz, stumpf u. a. heraus.

Wir wenden uns auch den zeitlichen Strukturen zu und führen die Schüler zu den wichtigsten Begriffen: verändern, wechseln, nacheinander, vorher, nachher, früher, später, gleichzeitig, zugleich, vergangen, zukünftig, anfangen, enden, oft, häufig, viel usw.

Bei all den Inhalten, die an die Schüler herangetragen werden, wird auch das Gedächtnis in Anspruch genommen, indem man Gegenstände verschwinden und wieder suchen läßt, indem Gegenstände unvollständig an die Tafel gemalt werden und durch die Schüler ergänzt werden.

Der Erzieher gibt den Schülern Erbsen, Bohnen, Linsen, Eicheln, Steinchen und Plättchen und läßt sie ordnen nach den Kategorien der Gleichheit und Ähnlichkeit. Er läßt die Schüler Reihen bilden und Gegenstände der Größe nach, dem Gewicht nach und der Farbe nach ordnen. Es werden Mengen von Gegenständen in Male gesammelt und nach ihrer Mächtigkeit verglichen. Dabei werden vornumerische Zahlbegriffe erarbeitet wie viel, wenig, mehr, weniger. Diese Mengenvergleiche werden so durchgeführt, daß von jedem Mal jeweils ein Gegenstand in eine Reihe gelegt wird. Das Mal, das zuerst ausgeschöpft ist, hatte weniger Gegenstände. Später kann man die Gegenstände aus den Malen in Reihen legen und Vergleiche vornehmen.

Hinweis für die Methodik: Allmähliche Abstraktion beachten!

Der Erzieher beginnt mit einem Spiel in der Wirklichkeit.
Dieses Spiel wird mit Hilfe von Knetmasse nachgebildet.
Dann wird das Spiel gezeichnet.
Dann folgt die Nachahmung des Spiels mit Plättchen.
Schließlich wird die Nachahmung des Spiels gezeichnet.
Alle diese Übungen werden mit Sprache begleitet.

5.3.4. Förderung der Sprachmächtigkeit und des Denkens

Damit eine sachgerechte Spracherziehung vorgenommen werden kann, sind einige sprachwissenschaftliche Überlegungen darzustellen.

Wir gehen davon aus, daß die Sprache — wie Platon sagt — ein Organon, ein Werkzeug, ist. Die Leistungen dieses Werkzeuges bestehen nach Karl Bühlers „Sprachtheorie" in der Darstellungsfunktion, in der Ausdrucksfunktion und in der Appellfunktion; d. h. die Sprache hat eine Beziehung zum Ich (Ausdruck oder Symptom), ferner zu einem Gegenüber (Appell oder Signal) und zu den Gegenständen (Darstellung oder Symbol).

Auf die Symbolfunktion soll ein wenig eingegangen werden. Wir hatten schon bei den Überlegungen zu dem Begriff der Anschauung festgestellt, daß die gegenständliche Welt nicht einfach nur im Bewußtsein abgebildet wird, sondern daß die Anschauung ein Prozeß ist, dessen Ergebnis durch eine analytisch-synthetische Tätigkeit zustandekommt. Das Individuum nimmt aus der gesamten gegenständlichen Welt Gegenstände wahr, setzt sie in Beziehung zueinander und kommt so zur Anschauung. „Anschauung ist demnach nichts unmittelbar Gegebenes, passiv Übernommenes, sondern ganz wesentlich ein Produkt der gestaltenden Phantasie. Anschauung als Tätigkeit ist etwas Aktuelles, etwas Gestaltendes. Sie ist nichts Simultanes, Zeitloses, sondern etwas Zeithaftes, etwa ein Bewußtsein des fortschreitenden Inbeziehungbringens der Teilpartien eines Sehinhaltes." (Wittmann, 1967, S. 58).

Genauso ist auch die Sprache nichts Feststehendes, Statistisches, sie ist kein Werk (Ergon), sondern eine Tätigkeit (Energeia). „Auch bei der Betrachtung des durch die Sprache Erzeugten wird die Vorstellungsart, als bezeichne sie bloß die schon an sich wahrgenommenen Gegenstände, nicht bestätigt. Man würde vielmehr niemals durch sie den tiefen und vollen Gehalt der Sprache ausschöpfen. Wie, ohne diese, kein Begriff möglich ist, so kann es für die Seele auch kein Gegenstand sein, da ja selber jeder äußere nur vermittelst des Begriffes für sie vollendet Wesenheit erhält. In die Bildung und in dem Gebrauch der Sprache geht aber notwendig die ganze Art der subjektiven Wahrnehmung der Gegenstände über. Denn das Wort entsteht eben aus dieser Wahrnehmung, ist nicht Abdruck des Gegenstandes an sich, sondern des von diesem in der Seele erzeugten Bildes." (Humboldt, W. v., o. J., S. 418). Wenn nämlich die Gegenstände und Tätigkeiten in der Umwelt lediglich mit einem Namen zu versehen wären und dieses Ereignis Sprachbildung genannt werden könnte, müßte die Sprache des Kindes identisch sein mit der Sprache des Erwachsenen. Das ist sie aber keineswegs.

Wolfgang Metzger (1959, S. 404 ff.) hebt hervor, daß die Begriffe bei den Kindern eine außerordentliche Weite haben, so daß im Anfang nicht einmal Eigennamen auf die Träger des Namens bezogen werden. So werden mit „Mama" und „Papa" zunächst alle Frauen und Männer bezeichnet, und erst später wird zwischen „Papa" und „Onkel" einerseits und „Mama" und „Tante" andererseits unterschieden, wobei mit „Onkel" und „Tante" wiederum nicht nur die Geschwister der Eltern gemeint sind. Die Eigenart der gemeinsamen Merkmale eines Begriffs — so heißt es weiter — sind durchweg keine Einzelmerkmale, sondern bevorzugte *Ganzeigenschaften*, und zwar

a) *gemeinsame Gestaltqualitäten* ohne Rücksicht auf das Sinnesgebiet („klingeln" für „flimmern")
b) *verwandte Form* („Wauwau" für jeden Vierfüßler)
c) *verwandte Geschehensstruktur* („Pieppiep" für alles, was fliegt)
d) Zugehörigkeit zu einer ausgezeichneten *umfassenden Erlebniseinheit* (mit „Heia" ist nicht nur der Vorgang des Schlafengehens gemeint, sondern alles, was damit zusammenhängt)
e) *übereinstimmende Funktion* („ada" heißt nicht nur Tür, sondern „Verschluß eines Ausgangs", also auch Deckel einer Schüssel oder Korken einer Flasche).

Allmählich erhalten die Begriffe später durch Differenzierung einen geringeren Umfang.

Bei den geistigbehinderten Schülern verläuft die Sprachentwicklung genauso wie bei nichtgeistigbehinderten Schülern, nur daß die Entwicklung langsamer verläuft und auf einer früheren Stufe stehenbleibt; d. h. geistigbehinderte Schüler unterscheiden sich von nichtgeistigbehinderten Schülern durch Wortschatzarmut und Mängel im Satzbau, wenn wir von den Sprechbeeinträchtigungen absehen. Allerdings machen wir im Hinblick auf die Semantik der Begriffe eine besondere Feststellung. Wir finden häufig eine direkte Namensgebung für die umgebende Umwelt. Wenn ein geistigbehindertes Kind einen Dackel sieht und wenn ihm gesagt wird, daß dieses Lebewesen ein „Wauwau" sei, zögert es bei einem anderen Dackel diese Bezeichnung ebenfalls zu verwenden (Konkretismus). Viele geistigbehinderte Schüler zeigen also eine ungewöhnliche Enge der Begriffe. Erst allmählich lernen sie, daß auch andere Hunde mit „Wauwau" zu bezeichnen sind. Es ist schwer zu sagen und bedarf weiterer Untersuchungen, ob diese Verhaltensweise der geistigbehinderten Schüler ein Erfolg der sprachlichen Erziehung ist oder ein Zeichen der geistigen Beschränktheit und Starrheit, die eine Ausweitung des Begriffs erschwert oder unmöglich macht. Für C. Franke ist das beschriebene Sprachverhalten der nichtgeistigbehinderten und der geistigbehinderten Schüler verschiedenen Entwicklungsstufen zuzuordnen. Er hebt in der Kindersprache eine denotative von einer konnotativen Bedeutung ab. „Auf der denotativen Stufe bezeichnet das Kind bestimmte einzelne Gegenstände, Handlungen oder Eigenschaften durch ein Wort, das es aber auf andere ähnliche Gegenstände nicht ausdehnt. Auf der konnotativen Stufe aber macht sich eine Eigentümlichkeit des menschlichen Geistes geltend; denn wiewohl das Kind viele Wörter zunächst nur an einem einzelnen Gegenstand kennenlernt, bekundet es doch große Neigung, diese auf andere Gegenstände derselben oder ähnlichen Art zu übertragen, denotative Namen zu konnotativen zu machen." (Franke, 1899, S. 3).

Es sind aber noch einige Ausführungen zur Begriffsbildung notwendig. Karl Bühler trennt die Namensgebung von der Begriffsentwicklung. Er meint, daß die Namensgebung dadurch erfolgt, daß ein Lallwort sinnvoll wird, d. h. in einen Zweckzusammenhang gestellt wird, indem eine bestimmte Begehrung des Kindes durch Erwachsene erfüllt wird. Das Lallwort wird also Mittel zur Auslösung von Tätigkeiten der Erwachsenen. Anfangs ist der Gebrauch der Worte sehr locker und labil, später wird er konstanter. Schließlich entdeckt das Kind, daß jedes Ding seinen Namen hat, es erfaßt die Darstellungsfunktion der Sprache. Allmählich entwickelt sich dann das Urteil. Die fortschreitende Urteilsfähigkeit fördert auch die Begriffsentwicklung. Zunächst wird bemerkt, daß ein und derselbe Gegenstand mehrere Namen enthält: Emmi, Mädchen, Mensch; Hammer, Werkzeug, Ding usw. Hinzu kommt, daß das Kind nun die Erfahrung macht, daß der Name eines Dinges nicht nur für das einzelne Ding gilt, z. B. Pferd, sondern für alle anderen Dinge, die so aussehen, ebenfalls. Stern (1928) spricht in diesem Zusammenhang von Pluralbegriffen. Ferner kommt es zu Subsumtionsurteilen, zu Urteilen also, die auf die räumliche Zuordnung oder auf das Verhältnis von Teil zum Ganzen zielen. Schließlich entwickelt sich die praktische Zweckorientierung: der Löffel ist zum Essen da! Unter dem Einfluß des Schulunterrichts werden die Zweckdefinitionen geringer, und logische Klassifikationen gewinnen allmählich die Oberhand. Beachtenswert ist, daß also das Kind nicht von den speziellen Arten nach oben in das Reich der Abstraktionen fortschreitet, sondern vielmehr den Anfang mit den allgemeinsten Begriffen macht. Die mittleren Gattungen werden auf dem Weg der Determination von oben nach unten erreicht (Bühler, 1922, S. 429).

Ähnlich äußert sich auch Arnold über die Begriffsbildung: „Gewisse Sachverhalte, die sich bei allen Gegenständen einer Gruppe zeigen, haben ihre Grundlage in einer Einheit, in der alle Gegenstände dieser Gruppe übereinstimmen. Dies ist der Begriff. Er bestimmt die allgemeine Einheit indirekt. Er kann darum nicht als ein Sehen dieser Einheit aufgefaßt werden. Unsere Begriffsbildung ist vielmehr das summarische Ergebnis zweier Denkakte, nämlich
a) des Aktes, Faktoren und die sie konstituierenden Sachverhalte an dem uns anschaulich Gegenwärtigen und an dem Sinn der von uns erfaßten Gegenstände zu unterscheiden,
b) des Aktes, die Allgemeinheit dieses erfaßten Sinnes zu erkennen."
(Arnold, 1962, S. 212).

Zur Bildung von allgemeinen Begriffen kommt es, wenn man vom Allgemeinen zum Besonderen fortschreitet. „Beispiel: Tisch und Stuhl — Gebrauchsmöbel. Dieser Oberbegriff wird nur gefunden, indem man von etwas

‚über' diesen einzelnen Gegenständen Liegendem zu etwas ‚heruntersteigt' (und nicht, indem man von den Einzelgegenständen nach oben steigt)" (Arnold, 1962, S. 214). „Diese Tätigkeit", so heißt es dann weiter, „beginnt mit dem allgemeinen Wissen um die Lösbarkeit dieser Aufgabe. Zuerst ist die Richtung bewußt, die Bedeutungspläne, dann ein abgeschlossenes Ganzes, dann das Ober- und Untergeordnete in diesem Ganzen." (Arnold, 1962, S. 214 f.).

„Begriffe können also", so meint Arnold, „gar nicht als ‚Zusammenziehung verschiedener Individualvorstellungen' verstanden werden, weil ihr besonderes Merkmal die Klarheit ist, die auf einem derartigen Wege nicht entstehen kann. Das allgemeingültige Moment, das den Begriff ausmacht, ist nicht das Anschauliche, sinnlich Faßbare, sondern das Wissen um die Zweckbestimmtheit, um den Sachverhalt und die Beziehungen, in denen der Begriffsgegenstand steht". (Arnold, 1962, S. 215). Ein Begriff ist also eine Gegenstandsbezeichnung, eine Summe von Beziehungen und Sachverhalten, die bedeutungsgeladen sind, er ist nicht nur eine einfache Namengebung. Sollen also Begriffe erworben werden, müssen Sachverhalte in ihren Beziehungen dargeboten werden.

Ein kleiner Exkurs zum Prinzip der Anschauung im Rahmen der Sprachbildung. Dieses Prinzip der Anschauung kann in seiner reinen Form nur bei genau abgrenzbaren Gegenständen angewendet werden, z. B. bei Pflanzen, Tieren, Werkzeugen, Einrichtungsgegenständen usw. Das Kind kennt den Gegenstand nicht, deshalb wird er ihm mit seinem Namen und seiner Funktion usw. vorgestellt. Oft ist es auch so, daß der Name dem Kinde bekannt ist und daß das Kind auch eine ungefähre Vorstellung von dem Gegenstand hat. Da ist die Anschauung des Gegenstandes zur völligen Klarstellung notwendig.

Wie steht es aber mit der Klärung der Wortbedeutung bei den sogenannten abstrakten Begriffen? Wie kann man den Begriff „Obst" veranschaulichen? Es wäre denkbar, daß den Schülern Äpfel, Birnen, Pflaumen, Kirschen nur gezeigt werden. Sie nehmen die Früchte mit allen Sinnen auf und hören, daß alles zusammen „Obst" sei. Aber so viele Früchte man auch sehen, riechen und schmecken kann, das Verständnis dessen, was „Obst" ist, wird dadurch nicht geklärt, „denn es fehlt der Ansatz dazu, wie diese verschiedenen Früchte als Obst zusammengefaßt werden können. Und das kann aus einer so verstandenen sinnlichen Anschauung niemals entnommen werden. Es gibt keine Bildung eines Allgemeinbegriffs, der nicht schon eines bestimmten Ausleseprinzips bedürfte." (Bollnow, 1966, S. 166). „Was als ‚Obst' zusammengefaßt wird, läßt sich überhaupt nicht an einem gegenständlichen Merkmal ablesen, sondern nur aus der Weise, wie hier gewisse Früchte in einer bestimmten Funktion in die Gesamtheit der Nahrungsmittel einbezogen werden. Gewiß läßt sich auch dies erklären, etwa in der Abgrenzung gegen das Gemüse, vielleicht auch veranschaulichen, etwa vom Obststand oder vom Obst- und Gemüseladen her, aber das führt schon immer in einen bestimmten Lebenszusammenhang und setzt immer schon sehr viel mehr voraus, als sich im vermeintlichen Rückgang auf die unmittelbare Sinneswahrnehmung gewinnen läßt." (Bollnow, 1966, S. 166).

Damit ist wohl hinreichend deutlich geworden, daß bei der kognitiven Förderung Geistigbehinderter Wahrnehmung, Denken und Sprache eine enge Beziehung aufweisen.

Es ist ferner deutlich geworden, daß die Spracherziehung nicht nur ein wichtiges Unterrichtsfach darstellt, sondern auch ein Erziehungs- und Bildungsprinzip ist, d. h. Spracherziehung findet in jedem Unterrichtsgeschehen statt.

Lehrziele für den Lehrer:
Der Lehrer soll fähig sein
— die Sprachbildung seiner Schüler weiterzutreiben, Begriffsbildung bei ihnen vorzunehmen und sie zum Sprechen in geordneten Sätzen anzuleiten.

Lehrziele für die Schüler:
Die Schüler sollen fähig sein
— Namen und Begriffe von Gegenständen sich anzueignen
— zu lernen, in geordneten Sätzen zu sprechen.

Lehrinhalte:
Über die Rolle der konkreten Gegenstände sind weiter oben Ausführungen gemacht worden. Neben den konkreten Gegenständen führen wir den Schülern auch Bilder, Zeichnungen und Symbole vor Augen und lassen sie benennen und darüber sprechen. Das Heranziehen von Wortfeldern ist eine wichtige Hilfe: Spielzeug, Essen, Kleidung usw. Dabei wird auch das Gedächtnis beansprucht.

Bildergeschichten sollten über 2—3 Bilder nicht hinausgehen.

Der Einsatz von Tonbandaufnahmen hat sich sehr bewährt. Im übrigen sei auf Bd. 9 „Sprecherziehung" und auf Bd. 10 „Spracherziehung" der „Handbücherei für die Unterrichtsplanung und Unterrichtsgestaltung in der Schule für Geistigbehinderte (Sonderschule)" verwiesen, in denen detaillierte Vorschläge zur Sprachbildung gemacht werden.

5.3.5. Erschließung des lebenskundlichen Bereichs und des Denkens

Bei den Überlegungen zur sprachlichen Förderung geistig behinderter Schüler wurde hervorgehoben, daß die Sprache an Sachverhalten gebildet wird. In der lebenspraktischen Erziehung eignet sich der Schüler alle Alltagsfertigkeiten an, die dazu dienen, seine Selbständigkeit zu erweitern und zu festigen. Dabei lernt der Schüler aber auch kausale Beziehungen zu erfassen: Wenn ich den Schuh ausziehen will, muß ich zuerst die Schnürbänder lösen. Der Schüler erfaßt auch zeitliche Abläufe: Zuerst wird der Frühstückstisch gedeckt, dann wird gefrühstückt. Beim Decken des Frühstückstisches wird zuerst das Frühstücksbrett auf den Tisch gelegt, dann die Tassen daneben gestellt usw. Schließlich erfaßt der Schüler auch die räumliche Kategorie: Die Tasse steht neben dem Frühstücksbrett usw. Hier wird einmal mehr deutlich, wie eng Sprache und Denken mit Gegenständen und Handlungen verflochten sind.

Inhaltliche Anregungen können dem Bd. 11 „Lebenspraktisches Training und lebenspraktische Orientierung" entnommen werden.

5.4. Kognitive Förderung im schulischen Bereich auf der Mittel-, Ober- und Werkstufe

Im frühkindlichen Bereich und im Elementarbereich stand die figurale Wahrnehmung im Vordergrund. Sie wird im schulischen Bereich durch die Strukturanschauung (Wittmann) und durch die kategorische Anschauung (Klafki) abgelöst. Die Förderung dieser Anschauungsarten wird in der Mittel-, Ober- und Werkstufe fortgeführt und weiter differenziert.

Eine gewisse Bedeutung erfährt auf diesen Stufen der Schreib-Leseunterricht und der Umgang mit der Zahl, mit den Maßen, Größen und Gewichten. Auf andere Möglichkeiten der kognitiven Förderung wird nur kurz hingewiesen werden, weil sich ausführliche Darstellungen in dem Heft 10 „Spracherziehung" von Christel Dahlmann und Karl-Heinz Flehinghaus und in dem Heft 11 „Lebenspraktisches Training und lebenskundliche Orientierung" von Rudolf Pohl und Brigitte Vehrigs-Cornehl der „Handbücherei für die Unterrichtsplanung und Unterrichtsgestaltung in der Schule für Geistigbehinderte (Sonderschule)", Verlag Wulff, Dortmund, finden.

5.4.1. Der Schreib-Leseunterricht in der Schule für Geistigbehinderte (Sonderschule)

Ende der fünfziger Jahre vollzog sich im pädagogischen Denken ein Wandel. Bildungsfähigkeit und Schulbildungsfähigkeit wurden nicht mehr gleichgesetzt. Das wird daran deutlich, daß man auf Begriffe wie „motorisch bildbar" oder „bildungsschwach" zurückgriff. Dieser Wandlungsprozeß wirkte sich dann in den sechziger Jahren auf die Schulpolitik aus und führte schließlich zu einer Änderung der Schulgesetze. In NRW wurde die Schulpflicht für geistigbehinderte Schüler im Landtag am 14.06.1966 beschlossen; einzelne Schulklassen im Versuchsstadium gab es schon früher, teilweise schon in den fünfziger Jahren. Bis dahin wurden geistigbehinderte Schüler von der Schulpflicht befreit und in die Tagesbildungsstätten des Sozialministeriums aufgenommen, und zwar deshalb, weil sie in der Schule nicht mitarbeiten konnten. Im Anfangsunterricht der Grundschule und auch der Schule für Lernbehinderte (Sonderschule) steht der Unterricht im Rechnen, Lesen und Schreiben im Vordergrund, und wer diesem Unterricht nicht folgen konnte, wurde von der Schulpflicht befreit.

Seit Mitte der sechziger Jahre bleiben diese Schüler aber schulpflichtig, und zwar für die Schule für Geistigbehinderte (Sonderschule), weil sie bildungsfähig sind, auch wenn sie Schwierigkeiten haben oder unfähig sind, diese sogenannten Kulturtechniken zu erlernen. In dem „Verfahren bei der Aufnahme in Sonderschulen und beim Übergang von Sonderschulen in allgemeine Schulen (Sonderschul-Aufnahmeverfahren – SAV)" vom 20.12.1973 heißt es: „Als sonderschulbedürftig geistigbehindert gelten Kinder und Jugendliche, die wegen höhergradiger Behinderung im Bereich intellektueller Funktionen in der Schule für Lernbehinderte nicht hinreichend gefördert werden können. Sie sind in der Regel nicht in der Lage, grundlegende Lerninhalte von der Art der Kulturtechniken aufzunehmen, zu speichern und zu verarbeiten."

Seit dieser Zeit wird allerdings auch darüber diskutiert, ob es sinnvoll ist, in der Schule für Geistigbehinderte (Sonderschule) diese sogenannten Kulturtechniken zu lehren.

Am deutlichsten hat sich gegen den Schreiblese- und Rechenunterricht in der Schule für Geistigbehinderte (Sonderschule) Heinz Bach ausgesprochen. In seinem Aufsatz „Lesereife und Lesenlernen bei Geistigbehinderten" in der Zeitschrift „Sonderpädagogik", Heft 4, 1971 hebt er hervor, daß zunächst die Erfordernisse der „basalen Bildung" zu erfüllen seien. Darunter versteht er die Erziehung zur Selbständigkeit, Umgänglichkeit, Handgeschicklichkeit, Sprachtüchtigkeit und gemütlicher Teilhabe. Erst wenn hier die Erziehungsziele erreicht seien, könnte man auch das Wünschenswerte ins Auge fassen.

Das Lesen einer Buchstabenschrift ist ein sehr komplexer Prozeß, der damit beginnt, daß die Wortgestalt erfaßt und analytisch durchdrungen wird. Dann müssen für die einzelnen Buchstaben die entsprechenden Laute gebildet werden, schließlich muß eine Reihenfolge der Buchstaben oder die Wortgestalt in eine Lautgestalt umgesetzt werden, und dabei muß sich der Sinn des Gelesenen erschließen.

Um diesen komplizierten Prozeß bewältigen zu können, müssen folgende Voraussetzungen nach Bach erfüllt werden:

„ 1. Erkennen und Wiedererkennen von Gegenständen
2. stabile Zuordnung von Wort und Gegenstand
3. Sprechfunktionstüchtigkeit
4. Ablösung der Sprache vom subjektiven Erlebnis
5. Sinnverständnis des gesprochenen Wortes
6. Sehfunktionstüchtigkeit
7. Hörfunktionstüchtigkeit
8. Ergreifen, Festhalten, Loslassen, Behalten optischer und akustischer Gestalten
9. Formunterscheidung optischer Gestalten
10. Größenunterscheidung optischer Gestalten
11. Seitenunterscheidung optischer Gestalten
12. Regelbewußtsein
13. Raumlageerfassung optischer Gestalten
14. Reihenfolgerfassung optischer und akustischer Gestalten (Ablaufrichtung)
15. Anzahlerfassung
16. stabile Zuordnung von Zeichen und Sache
17. Umfeldbeachtung optischer und akustischer Gestalten
18. Erfassung von Sinnveränderungen durch Umfeldveränderungen
19. Strukturerfassung optischer Gebilde
20. Strukturerfassung akustischer Gebilde
21. optische Analyse und Synthese von Gebilden
22. akustische Analyse und Synthese von Gebilden
23. Zusammengehörigkeitserfassung
24. Sinnerwartung
25. Korrektur der Sinnerwartung gemäß zunehmender konkreter Erschließung eines Gesamtzusammenhanges
26. Erfassung von größerem Sinnganzen durch regelrechtes Kombinieren der einzelnen Sinneinheiten und
27. emotionale Aufgeschlossenheit."
Sonderpädagogik, Heft 4, 1971, S. 151).

Der bisherige Unterricht auf der Vor- und Unterstufe berücksichtigt diese Voraussetzungen, wenn auch nicht alle Schüler sie zu erfüllen vermögen.

Für diejenigen Schüler, die diese Voraussetzungen erfüllen, ist der Schreib-Leseunterricht eine notwendige und nützliche Fortsetzung des bisherigen Unterrichts. Diejenigen Schüler aber, die diese Voraussetzungen nicht oder noch nicht erfüllen können, können durch den Leselern- und Schreiblernprozeß genauso gefördert werden, als wenn sie sich weiterhin mit geometrischen Konfigurationen oder anderem Sinnesmaterial auseinandersetzen müssen.

Es ist deshalb auch keine Überforderung für geistigbehinderte Schüler, wenn sie das Lesen, Schreiben und Rechnen erlernen sollen, sondern eher eine erwünschte Abwechslung.

Auch das beeinträchtigte Abstraktionsvermögen und das beeinträchtigte Differenzierungsvermögen sollte nicht als Grund angesehen werden, geistigbehinderten Schülern den Schreibleseprozeß zu verweigern (Spreen). Die spielerischen Übungen an optischen und akustischen Gestalten fördern die Entwicklung aller Schüler, und bei zahlreichen Schülern führen sie zum Erfolg.

Das gilt auch für die Forderung nach dem Sinnverständnis. Ganze Geschichten können nur sehr wenige Schüler lesen — und sie sind dennoch keine Schüler, die die Schule für Lernbehinderte (Sonderschule) mit Erfolg besuchen könnten. Ganze Sätze, wenn sie nicht zu schwierig konstruiert sind, lesen zahlreiche Schüler, und einige Wörter lernen fast alle Schüler zu lesen. Dittmann (Heidelberg 1982, S. 283) sagt: „In dem kulturtechnischen Bereich (Lesen, Schreiben) zeigen die Down-Syndrom-Schüler insgesamt heterogene Leistungen, die zwischen einem völligen Unvermögen im Erwerb dieser Kulturgüter bis zu umfangreichen Tagebuchniederschriften liegen."

Selbstverständlich können Formauffassung, Sprache, Handgeschicklichkeit und Denken auch an den Dingen des täglichen Lebens geübt werden. Manche Autoren meinen, daß es besser sei, Mantel, Handtuch, Zahnbürste und Schrankfächer zu unterscheiden, als ein b von einem p. Sie meinen, daß Selbständigkeit, Umgänglichkeit, Körperbeherrschung, Wahrnehmungstüchtigkeit und Handgeschicklichkeit wichtiger seien als Lesen, Schreiben und Rechnen. Sie meinen, daß die Handgeschicklichkeit durch Falten, Sticken, Weben, Kneten und Malen besser geübt wird als beim Schreiben, und sie meinen, daß Sprache und Denken im Sachunterricht besser in Anspruch genommen werden als im Lese- und Rechenunterricht. Hier werden falsche Alternativen gesetzt. Anstatt unvertretbare Gegensätze aufzubauen, sollte gesehen werden, daß das Lesenlernen kein Ersatz für die anderen Aktivitäten sein soll, sondern eher eine Ergänzung.

Wir dürfen uns den geistigbehinderten Schüler aber nicht nur in seinen kognitiven Fähigkeiten anschauen, sondern wir müssen auch sehen, daß er über Emotionalitäten, über Strebungen und Motivationen verfügt, daß er sich als Schüler in der Gesamtheit *aller* Schüler eingegliedert empfindet. Der geistigbehinderte Schüler weiß, daß alle anderen Schüler Lesen, Schreiben und Rechnen lernen, und er weiß, daß alle Schüler diese Fertigkeiten in der Schule lernen. Deshalb will er auch in die Schule gehen und diese Fertigkeiten erlernen. Verweigern wir ihm das Erlernen dieser Fertigkeiten, werden seine Leistungsmotivation, sein Anspruchsniveau und seine Anstrengungsbereitschaft beeinträchtigt.

Das gilt auch für die Eltern, für die es selbstverständlich ist, daß die Schule versucht, das Analphabetentum von ihren Kindern fernzuhalten, weil es einen Makel darstellt. Bei ihnen stellen sich möglicherweise Erziehungsfehler ein, wenn die Schule ihre Erwartungen nicht erfüllt. Entweder versuchen sie, ihren Kindern selbst das Lesen, Schreiben und Rechnen beizubringen — und im allgemeinen ohne eigentliche Methodenkenntnis und deshalb mit größeren Schwierigkeiten und geringen Erfolgen für die Kinder —, oder sie fallen in Resignation und stellen gar keine Leistungsanforderungen mehr.

Schließlich ist es bei vielen Tätigkeiten, denen die geistigbehinderten Schüler nachgehen können, sehr nützlich, wenn einige Lese-, Schreib- und Rechenkenntnisse vorhanden sind. Beim Umgang mit Maschinen ist das Lesen der Warntafel wichtig, beim Einkaufen ist das Lesen sehr hilfreich, bei Strick- und Webearbeiten ist das Zählenkönnen von Nutzen.

Die „Kulturtechniken" sind also für viele geistigbehinderte Schüler wichtig, und es besteht wenig Grund, ihnen das Erlernen zu verweigern. Wenn aber dieser Unterricht erteilt wird, muß er mit Sorgfalt und Überlegung und mit der notwendigen Stundenzahl erteilt werden. Wenn der Leseunterricht nur zweimal in der Woche stattfindet, können sich keine Erfolge einstellen. Sie würden sich auch bei nichtbehinderten Schülern nicht zeigen.

In den „Richtlinien und Lehrplänen für die Schule für Geistigbehinderte (Sonderschule) in Nordrhein-Westfalen" Köln, 1980 lesen wir auf Seite 21: „Da Lesen und Schreiben einen hohen Grad an Abstraktionsfähigkeit erfordern, sind die Voraussetzungen hierfür nur bei einem Teil der Geistigbehinderten und auch dann nur bruchstückhaft gegeben. Die individuellen Möglichkeiten des Schülers entscheiden, ob und in welcher Weise ein sinnvoller Zugang zum Lesen und Schreiben eröffnet werden kann." Das besagt nicht, daß mit den Schülern sogenannte Lesereifeprüfungen vorgenommen werden, um eine Auswahl für den Leselehrgang zu treffen. Es zeigt sich erst nach einem ausgedehnten Erziehungsversuch, ob ein Schüler erfolgreich mitarbeiten kann und Fortschritte beim Lesenlernen zeigt. Aber auch diejenigen Schüler, die derartige Fortschritte nicht erkennen lassen, können gleichwohl andere Lernfortschritte machen, und zwar in ihrer Differenzierungsfähigkeit optischer und akustischer Gestalten.

Die Einrichtung von fachorientierten Lehrgängen bedeutet nicht die Auflösung der Klassenstrukturen. Vielmehr sollte der Klassenlehrer durch innere Differenzierung den Schülern ein individuelles Lernangebot machen.

In allen Schulen lernen die Schüler das Lesen, Schreiben und Rechnen, oder sie nutzen diese Kulturtechniken, um sich Bildungsinhalte anzuzeigen. Wenn in der Schule für Geistigbehinderte (Sonderschule) auf das Erlernen des Lesens, Schreibens und Rechnens ganz verzichtet wird, heben wir diese Schule aus der Gesamtheit aller Schulen heraus. Wir erschweren und gefährden damit die mögliche Integration der Geistigbehinderten und schließen diese Schule von den anderen Schulen ab, die alle auf Durchlässigkeit angelegt sind. Es wäre dann nicht mehr möglich, daß ein Schüler, der in die Schule für Geistigbehinderte (Sonderschule) eingewiesen worden ist, in die Schule für Lernbehinderte (Sonderschule) überwiesen wird, wenn sich herausstellt, daß er leistungsstärker ist, als es sich anfangs zeigte. Vielleicht stellt sich nicht einmal heraus, daß er mehr zu leisten imstande ist, weil er zu wenig gefordert wird; denn selbstverständlich wirkt es sich auch auf den übrigen Unterricht aus, wenn er sich ausschließlich an Analphabeten wendet.

Schließlich widerspricht es auch dem Normalisierungsprinzip, wenn die Schüler der Schule für Geistigbehinderte (Sonderschule) überhaupt nicht mit der Schrift, der Zahl und den Größen konfrontiert werden.

5.4.1.1. Die geeignete Lesemethode für geistigbehinderte Schüler

Karl Bühler erkennt in seiner "Sprachtheorie" die Sprache als Werkzeug — als *Organon* —, wie Platon es schon tat. Dieses Werkzeuge "Sprache" wird von 3 Gesichtspunkten aus angegangen: Sprache ist *"Symbol"* in ihrer Beziehung zu Gegenständen und Sachverhalten, sie hat also eine *Darstellungsfunktion*.
Sprache ist *"Symptom"* in ihrer Beziehung zum Sprecher, sie hat also eine *Ausdrucksfunktion*.
Sprache ist *"Signal"* in ihrer Beziehung zu dem Angesprochenen, sie hat also eine *Appellfunktion*.

Die Sprache hat also 3 Funktionen: Sie ist Symbol, Symptom und Signal oder anders ausgedrückt: Sie hat eine Darstellungs-, eine Ausdrucks- und eine Appellfunktion.

Die *gesprochene* Sprache hat immer Symbolcharakter. Sie steht für den Sachverhalt, der ausgedrückt und mitgeteilt werden soll. Die *geschriebene* Sprache ist eine weitere Abstraktion. Sie ist ein Symbol des Symbols, also ein Symbol zweiter Ordnung. Der Leser muß aus den geschriebenen Zeichen erst die Lautsprache entnehmen, um den Sinngehalt erschließen zu können. Lesen ist dann der Prozeß, in dem die optischen Gestalten als Symbole zweiter Ordnung in Symbole erster Ordnung zurückverwandelt und dann auch als Gedanken aufgefaßt werden (siehe auch Johannes Wittmann, 1967[4], S. 346 ff.).

Wenn wir uns nun den Lesemethoden zuwenden, so sind im Grunde genommen 3 Gruppen von Methoden zu diskutieren und auf ihre Brauchbarkeit für die geistigbehinderten Schüler zu überprüfen, wenn wir von der *Buchstabiermethode* absehen, die seit 1872 verboten ist (siehe auch Schindler, Georg, 1959, S. 162 ff.). Bei dieser verbotenen Methode ging man nicht von dem Laut, sondern von dem Buchstaben aus, also von dem Schriftzeichen. Diese Methode bereitete den Schülern große Schwierigkeiten, weil sie das Ende an den Anfang stellte. Zuerst ist doch die Sprache da, die gehörte oder die gesprochene Sprache; sie ist eine Lautsprache, sie besteht aus Lauten, für die in der Schriftsprache als Entsprechung die Buchstaben verwendet werden. Beim Lesen müssen dann die Schriftzeichen in Laute umgesetzt aneinandergereiht werden, und sie ergeben dann einen Sinn. Nach der Buchstabiermethode lernten die Schüler zunächst alle Buchstaben. Dann schloß sich das Buchstabieren an, daran dann das Wortlesen und schließlich das Satzlesen.

Um den Kindern das Einprägen der Buchstaben zu erleichtern, fügte man den Buchstaben ein Bild bei, welches das Verständnis erleichtern sollte. Ein kleiner Vers sollte dazu dienen, den Buchstaben leichter zu behalten.

Beispiel A: Ein Affe gar possierlich ist,
zumal wenn er vom Apfel frißt.

Dazu wurde dann ein Bild eines Affen gemalt, der einen Apfel fraß.

N: Die Klosternonne will tun Buß,
der Tischler einen Nagelbohrer haben muß.

Dazu wurde das Bild einer Nonne gezeigt.

W: Ein toller Wolf in Polen fraß
den Tischler samt dem Winkelmaß.

Dazu wurde ein Wolf mit seinem geöffneten Rachen gemalt.

Auf diese Weise lernten die Kinder die Buchstaben. Die Hauptschwierigkeit bestand allerdings darin, daß die Bezeichnung der Buchstaben so vorgenommen wurde, wie wir heute auch das Alphabet aufsagen:

a — be — ce — de — usw.

Das Wort „Wasser" wurde dann folgendermaßen buchstabiert:

We — a — es — es — e — er. Wie sollte da das Wort „Wasser" erlesen werden? Der Grundfehler dieser Methodiker war, daß man den Buchstaben als Element der Schrift als das Nächstliegende ansah. Von diesem Nächstliegenden sollte dann vom Nahen zum Fernen fortgeschritten werden.

Das Erstaunlichste ist, daß sich diese Methode so lange gehalten hat, obwohl Valentin Ickelsamer schon im 16. Jahrhundert die *Lautiermethode* erfand. Er unterschied Laut, Lautzeichen und Name für das Lautzeichen und gab den Lauten entsprechend ihrem Lautcharakter Namen. Das „r" ähnelt dem Laut, den ein gereizter Hund hervorbringt. Deshalb nannte er diesen Laut auch den „Hundslaut", das „ä" den Geißlaut, weil er sich anhört, als wenn eine Ziege meckert. Das Lesen geschieht dann durch die Aneinanderreihung der Laute, die zu dem entsprechenden Schriftzeichen gehören.

Im Laufe der Zeit wurden verschiedene Methoden und Verfahren entwikkelt, den Lauten einen Namen zu geben. Da ist einmal die *Interjektionsmethode*. Ihr Ausgangspunkt waren die Empfindungslaute. „Au" schreit das Kind, wenn es Schmerzen empfindet, „a" sagt es, wenn es etwas Leckeres zu essen gibt, und „i", wenn es naß gemacht wird. Unnötig zu bemerken, daß der Lehrer bald in Schwierigkeiten gerät, insbesondere bei den Konsonanten.

Eine andere Methode ist das *„Sinnlautverfahren"*. Hier wird jedem Laut ein Sinn oder Erlebnis unterlegt, damit der Laut nicht inhaltsleer bleibt, weil er sonst von dem Kind leicht wieder vergessen wird. So wird der Laut und das Schriftzeichen „W" mit dem Wind in Verbindung gebracht und zu einem Erlebnis gestaltet.

Bei dieser Methode werden die Buchstaben und Laute zwar bald eingeprägt, aber beim Lesen werden Vorstellungen hervorgerufen, die mit dem Sinnganzen nichts zu tun haben.

Bei der *Naturlautmethode* wird der Laut mit dem Naturlaut in Verbindung gebracht. Das „r" ist der Roller, das „s" der Sauser, das „m" der Brummer. Auch hier ist die Schwierigkeit für den Lehrer, für jeden Laut einen Naturlaut zu entdecken.

Alle diese Methoden wurden eigentlich dazu entwickelt, dem Schüler zu helfen, sich Laut und Lautzeichen zu merken. Das ist auch der Fall, wenn der Lehrer nicht zu schnell vorgeht. Auch geistigbehinderten Schülern fällt es nicht allzu schwer, sich Laut und Lautzeichen zu merken.

Die größere Schwierigkeit ist allerdings das „Zusammenschließen der Laute zu einem Wort. Um sie zu überwinden, kam Richard Lange zu der *Vokalisationsmethode.* Lange gab dem Konsonanten keinen selbständigen Lautwert, sondern er verband ihn mit einem Vokal. Das „h" war z. B. der Haucher, das „s" der Summer. Sollte das Wort „Hase" gelesen werden, dann hieß es: Hauche das „a" und summe das „e".

Bei dieser Technik kam die Sinnentnahme zu kurz. Die Schüler lernten zwar bald die Laute zu verbinden, aber der Sinn des Wortes blieb ihnen verborgen.

Eine andere Möglichkeit, daß „Zusammenschlagen der Laute" zu erleichtern, erfand der Essener Rektor Franz Josef Koch, indem der das „Lesen als Gebärdenspiel" betrachtete. Koch verband den Laut mit einem Handzeichen und gab dem Laut einen Namen, ganz ähnlich wie Lange. Das „w" war der Weher.

Zur Methodik
Man ging von der Wirklichkeitserfahrung aus, ließ dann die Kinder von ihren Erfahrungen berichten, ließ sie dann den Laut erleben und gewinnen. Dann wurden das Handzeichen und das Schriftzeichen dargeboten; schließ-

lich wurden die gewonnenen Laute, Schriftzeichen und Handzeichen gefestigt und mit bekannten anderen Lauten verbunden. Kleine Lesestoffe wurden von der Wandtafel gelesen, die neugelernten Buchstaben wurden geschrieben, unter Umständen wurde mit den Materialien aus den Wirklichkeitserfahrungen auch gebastelt. Eine ausführliche Unterrichtseinheit wird in der „Handbücherei für die Unterrichtsplanung und Unterrichtsgestaltung in der Schule für Geistigbehinderte (Sonderschule)", Bd. 17 „Beispiele für die Verwirklichung der Empfehlungen für den Unterricht in der Schule für Geistigbehinderte (Sonderschule)", Dortmund 1981 angeboten.

Auch hier zeigte die Erfahrung, daß die Schüler sich relativ leicht Laut, Lautgebärde und Schriftzeichen einprägen konnten, ihnen machte dieser Leseunterricht mit den vielfältigen Übungsmöglichkeiten auch Spaß, auch das Verbinden der Laute gelang den meisten Schülern, aber die Sinnentnahme blieb doch sehr erschwert, wohl besonders deshalb, weil sich durch das Aneinanderstückeln der Laute nicht die richtige Sprachmelodie einstellte und damit auch die Sinnentnahme erschwerte.

Diese synthetischen Methoden — sie wurden so genannt, weil das Wort aus einzelnen Lauten zusammengesetzt wird — standen in voller Übereinstimmung mit der damals gültigen Elementenpsychologie, die davon ausging, daß Gesamtvorstellungen sich aus Teilvorstellungen zusammensetzen, d. h. man sieht nicht zuerst den Baum als Ganzes, sondern man sieht zuerst den Stamm mit seinen Ästen und den Zweigen daran und gelangt erst dann zu der Gesamtvorstellung des Baumes. Deshalb war es nur folgerichtig, beim Lesenlernen von den einzelnen Buchstaben auszugehen. Diese synthetischen Lesemethoden wurden erst in Frage gestellt, als die Ganzheits- und Gestaltpsychologie sich durchzusetzen begann.

Die Gestalt- und Ganzheitspsychologen wiesen nach, daß zuerst ein Gesamteindruck entsteht. Erst danach werden die Einzelbilder erfaßt. Man gewinnt von dem Baum also zuerst einen Gesamteindruck. Bei näherer Betrachtung erkennt man den Stamm, die Äste und die Zweige.

Wolfgang Metzger hat in einem Aufsatz „Die Entwicklung der Gestalterfassung in der Zeit der Schulreife" 1956 gezeigt, welche Faktoren beim Erfassen optischer Konfigurationen beteiligt sind. So neigen noch nicht schulreife Kinder dazu, die folgende Konfiguration, also eine Hauptfläche, bestehend aus Teilflächen, noch nicht so differenziert zu erfassen. Sie sehen eher eine Gesamtfläche mit „Lücken" und geben die Konfiguration etwa so wieder:

Der Ganzeindruck dominiert, die Differenzierung gelingt noch nicht vollständig.

In diesem Zusammenhang ist noch eine andere Untersuchung von besonderer Wichtigkeit: Rudolf Spiekers „Untersuchungen zum Problem des Durchgliederungsvermögens bei Schwachbegabten", erschienen in der „Zeitschrift für experimentelle und angewandte Psychologie", Bd. IV/1 in Göttingen 1957. Spiekers stellte fest, daß Schwachbegabte um Jahre hinter normalen Schülern in ihrer Durchgliederungsfähigkeit zurückbleiben. Das ist auch für uns ein Grund, mit dem Lesenlernen erst in der Mittelstufe zu beginnen.

Mit den neuen psychologischen Erkenntnissen wurden in der Schule neue Lehrmethoden entwickelt. Für den Leseunterricht entstanden die Ganzheitsmethoden oder die analytischen Lesemethoden. Sie beginnen entweder mit dem Satz wie Wittmann und Kern oder mit dem Wort wie Dohrmann. Bald folgt die optische Anlayse, und zwar dadurch, daß die Schüler Buchstaben in verschiedenen Wörtern als gleich identifizieren. Meistens beginnt diese Analyse bei den Anfangsbuchstaben. Der Lehrer muß deshalb darauf achten, daß alle wichtigen Buchstaben wenigstens zweimal auftauchen. Buchstaben wie X, Y, Ch, Q können später nachgeholt werden.

Während die optische Analyse im allgemeinen durch die Schüler selbst eingeleitet wird, und zwar dadurch, daß sie entdecken, daß „Tisch" und „Teller" gleich anfangen, muß die akustische Analyse durch den Lehrer eingeleitet werden. Er lenkt schon frühzeitig die Aufmerksamkeit der Schüler auf die Klanggestalt der Wörter, etwa mit dem Spiel: Ich sehe etwas in diesem Raum, das du nicht siehst. Es fängt so an: „f". Die Schüler raten „Fenster". Nach und nach entdecken die Schüler, daß „Mutter" und „Messer" vorn gleichklingen.

Einen breiten Raum nehmen dann die Abbau- und Aufbauübungen ein. Zunächst wird das Wort abgebaut:

    Wolf
    Wol
    Wo
    W

Danach wird es wieder aufgebaut:

    W
    Wo
    Wol
    Wolf

Später wird aus einem bekannten Wort ein neues Wort aufgebaut, etwa so:

    Wolf
    Wol
    Wo
    W
    Wa
    Wal
    Wald

Danach erfolgt das Lesen leichter Texte, in denen zunächst bekannte Wörter überwiegen. Allmählich kommen mehr und mehr unbekannte Wörter hinzu (siehe auch „Handbücherei für die Unterrichtsplanung und Unterrichtsgestaltung in der Schule für Geistigbehinderte (Sonderschule)", Bd. 17 „Beispiele für die Verwirklichung der Empfehlungen für den Unterricht in der Schule für Geistigbehinderte (Sonderschule", Dortmund 1981, S. 58 f.).

Diese Ganzheitsmethoden haben den Vorteil, daß das Zusammenschließen der Laute kein großes Problem mehr darstellt. Ferner macht die Sinnentnahme weniger Schwierigkeiten. Dadurch sind die Schüler auch mehr motiviert und arbeiten mit größerer Freude mit. Schließlich fällt es den Schülern auch leichter, den Sinn der Wörter und Sätze zu erfassen, weil sie sie melodisch richtig aussprechen und nicht so gekünstelt Laut an Laut reihen ohne Rücksicht auf die besondere Lautqualität. Es ist doch so, daß unsere Sprache über sehr viel mehr Laute verfügt, als durch Buchstaben repräsentiert sind. Das „e" in „Else" klingt im Anlaut anders als im Auslaut, und beide unterscheiden sich noch von dem „e-Laut" in dem Wort „Erna". Gleichwohl gibt es nur ein Schriftzeichen für diese 3 verschiedenen Laute.

Durch die Analyse der Wörter und durch die Abbau- und Aufbauübungen hat der Schüler gelernt, die Sinnentnahme und Sprachmelodie beim Leseprozeß zu beachten. Das schwerste Argument gegen die synthetischen Methoden ist wohl darin zu sehen, daß der Schüler, wenn er ein Wort lesen soll, die optische Wortgestalt zunächst durchgliedern muß, um dann Sinn und Sprachgestalt zu entnehmen. Beides wird aber durch die synthetischen Methoden gar nicht mit dem Schüler geübt, während die analytischen Methoden derartige Übungen in den Vordergrund stellen. Deshalb sollte eigentlich bei der Wahl der Methode für den Leseunterricht die Entscheidung für die analytischen Methoden fallen.

Es stellt sich aber noch die Frage, ob man mit der Ganzsatz- oder lieber mit der Ganzwortmethode beginnen soll.

Paul Dohrmann hatte für seinen Leselehrgang 66 Stammwörter zugrunde gelegt.

Alle Methodiker haben zwar eine Fibel vorgelegt, gleichzeitig raten sie aber jedem Lehrer, eine Eigenfibel zu verwenden, weil dann die Kinder eher hochmotiviert sind, denn sie finden ihre eigenen Erlebnisse in ihrer Fibel wieder.

Christine Haug entscheidet sich in ihrem Leselehrgang mit schwerstbehinderten Kindern — damit sind unsere geistigbehinderten Schüler gemeint — ebenfalls für die Ganzheitsmethode.

Es sollten die Mischmethoden nicht unerwähnt bleiben. Das sind jene Methoden, die mit ganzen Wörtern beginnen und sehr bald zu den einzelnen Buchstaben und Lauten gelangen, wie es z. B. bei dem CVK-Leselehrgang „Sprechen — Schreiben — Lesen", Berlin 1975[3] der Fall ist. Hier werden dem Schüler zwei ähnlich lautende Wörter vorgelegt, damit die Aufmerksamkeit der Kinder auf das Lautliche der Sprache gerichtet wird (Oma — Opa). Es werden die Unterschiede aufgesucht. Die Schüler machen dabei die Erfahrung, daß die Sprache aus Lauten besteht, die ihre Entsprechung in den Buchstaben haben. Sie lernen die feste Zuordnung von Laut und Schriftzeichen und kommen so auch zum Erlernen neuer Wörter. Diese Mischmethoden sind für die geistigbehinderten Schüler besonders geeignet, weil der Unterricht sehr abwechslungsreich gestaltet werden kann.

Zum Schluß soll noch auf zwei Autoren eingegangen werden, die eine besondere Art des Lesens vorschlagen. Da ist zunächst das *„Signallesen"* von Evelyn Kapitzke: Sie geht davon aus, daß der Leseunterricht für geistigbehinderte Schüler eine Überforderung darstelle und daß nur wenige Schüler zum selbständigen Erlesen von Wörtern gebracht werden könnten. Die meisten Schüler blieben in den Vorstadien des Lesens stecken. Sie würden wohl die Kenntnis von Wortbildern erwerben, aber die Analyse und Synthese bliebe ihnen weiterhin verschlossen. Deshalb will sie, daß sich diese Schüler jene Wörter einprägen, die für sie später bedeutsam sind. Diese „Signalwörter" sind zwar jeweils in der Menge sehr begrenzt, im ganzen gesehen, aber doch erheblich. Den Schülern werden angeboten:

Schallsignale (Wecker, Telefon usw.)
Farbsignale (Rot — Gefahr, Gelb — Warnung, Grün — Gefahrenlosigkeit)
Bildsignale (Toilettenemblem, Blitz-Gefahr durch Elektrizität usw.)
Bildsignale für Fußgänger (Verkehrszeichen)
Bildsignale am Arbeitsplatz (Rauchverbot, offenes Licht verboten)
Ziffernsignale (Notruf, eigene Telefonnummer, Hausnummer usw.)
Schriftsignale (LEBENSGEFAHR/Lebensgefahr, POLIZEI/Polizei usw.)

Betrachtet man die Gesamtzahl der Signalwörter, so sind es nicht viel weniger, als für einen Leselehrgang benötigt werden. Bleibt als Argument für das Signallesen, daß diese Wörter bedeutsam für die Existenz des geistigbehinderten Schülers sind. Andererseits bleibt immer das Problem, ob diese Signalwörter wirklich die bedeutsamsten Wörter sind.

Dann ist endlich Peter Oberacker zu nennen. Er stellt den Leseunterricht unter das Primat der lebenspraktischen Bildung und beginnt mit dem *„Situationslesen".* Personen und Gegenstände werden in Situationen wahrgenommen, in Beziehungen gesetzt, wiedererkannt und gedeutet. Es entsteht eine Sinnerwartung, die dann auf neue Situationen übertragen werden und zu Handlungsimpulsen führen kann.

Dann folgt das „Bilderlesen". Bildhaft Dargestelltes wird als Abbild der Wirklichkeit erkannt.

Daran schließt sich das „Symbollesen" an. Bildzeichen (Piktogramme) werden als Teilabbilder der Umwelt erkannt. Hierher gehört auch das Verstehen von Farb-, Form- und Schallzeichen.

Schließlich kommen die Schüler zum „Signalwortlesen". Die Schüler verstehen es, Signalwörter oder Ziffern in Sachzusammenhängen wiederzuerkennen.

Dann folgt der eigentliche Leselehrgang mit dem Ganzwortlesen, der Analyse und Synthese und dem Erlesen einfacher Texte.

Schlußfolgerung

Wenn die kognitive Förderung in der Vor- und Unterstufe wie beschrieben durchgeführt wird, ist der Leseunterricht eine konsequente Weiterführung bisheriger Bemühungen. Die Schüler differenzieren dann nicht mehr geometrische optische Konfigurationen, sondern Buchstabengruppen, und sie differenzieren nicht mehr Klänge und Geräusche, sondern akustische sprachliche Mitteilungen. Sie deuten nicht mehr nur bildliche Darstellungen, sondern schriftliche oder mündliche Sprachäußerungen. Selbstverständlich sind die Ansprüche auf der Mittel-, Ober- und Werkstufe höher als in der Vor- und Unterstufe. Sie haben immer höheren Abstraktionsgrad. Die Schüler sind aber älter und weiter gefördert.

Ebenso selbstverständlich ist die Tatsache, daß nicht alle Schüler gleich gut und zu gleicher Zeit den Anforderungen genügen können. Das hat mit der Zusammensetzung der Schülerschaft zu tun. Wieweit ein Schüler zu fördern ist, erweist sich erst im Erziehungsprozeß. Es ist deshalb nicht richtig, nur bestimmte Schüler dem Leselernprozeß zu unterziehen und andere vorher auszuscheiden. Vielmehr ist der Lehrer gehalten, in seiner Klasse eine Differenzierung vorzunehmen. Mit einigen Schülern schreitet er schneller voran als mit anderen.

Dazu eignet sich auch besonders die Ganzwortmethode als Mischmethode. Die Schüler werden zunächst mit konkreten Substantiven konfrontiert. Sie werden ausgewählt aus den Eigenerlebnissen der Klasse. Je nach den Möglichkeiten der Schüler befassen sich die einen mit dem Einprägen der Wortbilder. Das geschieht dadurch, daß man von der Wirklichkeit ausgeht, die dann in Bildern abgebildet und schließlich mit dem Wortbild versehen wird.

Beispiel: Anschauungsbild für die Klasse

Dazu werden 2 Karten gebraucht für die Hand der Schüler, auf deren Vorderseite jeweils das Abbild der Oma und auf deren Rückseite das Wortbild ist. Dann ordnet der Schüler das Wortbild dem Abbild zu, später das Wortbild dem Wortbild. Natürlich wird dieses Tun immer durch Sprache begleitet. Der Schüler nennt also jedesmal den Namen für das Abbild und für das Wortbild. Die Schüler werden angeregt, Buchstabengleichheiten zu entdecken. Der Lehrer schreibt einen großen Anfangsbuchstaben an die Tafel und fragt die Schüler, ob sie dieses Zeichen in den Wörtern wiederfinden.

Dann wird recht bald die Aufmerksamkeit der Schüler auf das Klangbild gelenkt. Das Klangbild wird auseinandergezerrt. Dabei werden dem Schüler Plättchen auf den Tisch gelegt. Der Schüler wird aufgefordert, mit jedem Laut ein Plättchen hochzuschieben. Das soll eine Hilfe bei der Lautdiskrimination sein.

Dann folgen die Abbau- und Aufbauübungen und schließlich das Erlesen neuer einfacher Texte.

Bleibt noch die Frage des *Schreibenlernens.* Da ist zuerst die Entscheidung nach der Schriftart zu fällen. Die Großantiqua sollte nicht ausgewählt werden, weil sie keine Ober- und Unterlängen und deshalb keine gut einprägbare Struktur oder Kontur hat.

Zwar hat Hans Brückl einen Leselehrgang – für Schüler der Primarstufe – entwickelt, in dem zunächst nur große Buchstaben verwendet werden. Für ihn stand aber nicht die Lesbarkeit, sondern die Schreibbarkeit der Buchstaben im Vordergrund. Er baut die Buchstaben aus 4 Grundformen auf:

dem Reifen und den zerbrochenen Reifen   O ( )

dem Spazierstock   1

der Schlange   S

der Leiter und dem Fußballtor   H

Diese 4 Grundformen werden in dem Schreibvorkurs geübt und dann im Schreibleseunterricht angewandt.

Bei einer sorgfältigen Planung und Durchführung der Bewegungserziehung der Hände in der Vor- und Unterstufe, insbesondere unter Hinzuziehung des Pertra-Materials und des Frostig-Programms, sind die Schüler in der Lage, die Gemischtantiqua zu schreiben.

Es bleibt also bei der Mischmethode mit dem Ganzwort als Ausgangspunkt und der Gemischtantiqua als Ausgangsschrift.

An dieser Stelle sollte noch hinzugefügt werden, daß in der Unterstufe die Bewegungserziehung der Hände in einen regelrechten Schreibvorkurs übergeht. Dieser Vorkurs beginnt mit schwungvollen freien großmotorischen Bewegungen. Dazu werden Tapetenreste und dicke Schreibwerkzeuge benutzt. Es entstehen durch Armbewegungen Wellen, Ringe, Ei-Formen, Bogen, Striche aller möglichen Art, dann Arkaden und Girlanden, runde und eckige Muster usw. Später werden ähnliche Konfigurationen mit dünneren Schreibwerkzeugen auf unbedrucktes DIN-A4-Papier geschrieben. Anfangs „malen" die Schüler mit „Faustgriff". Er entspricht der Kinderhand; die Schreibbewegungen werden in Armbewegungen vollzogen. Finger und Arm sind nur mittelbar an der Schreibbewegung beteiligt. Das Werkzeug (Kreide oder dicker Stift) wird kurz gehalten und ruht in der Hand.

Danach erlernt der Schüler den „Pfötchengriff", bei dem die Finger gestreckt das Gerät umfassen.

Erst dann lernt der Schüler den Stift mit Daumen, Zeigefinger und Mittelfinger zu halten.

Damit dieses Halten ohne Verkrampfung gelingt, wird die Schreibmuskulatur durch Kneten, Reißen, Schneiden, Falten, Malen und durch Geschicklichkeitsspiele mit den Fingern gestärkt.

Wenn die Schüler die verschiedenen Strichformen, die geometrischen Konfigurationen und die Arkaden und Girlanden zeichnen können, können weitere feinmotorische Übungen gemacht werden, indem vorgezeichnete Formen nachgezeichnet werden:

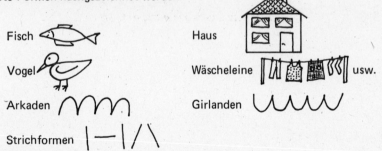

Viele Anregungen können dem Heft 1, 1969 der Zeitschrift „Die Grundschule", Braunschweig entnommen werden.

Ein sehr vollständiges Literaturverzeichnis u. a. zur Schreiberziehung und zum Schreibvorkurs kann bei Günther Wagner Pelikan-Werken, Hannover, angefordert werden. Bis zu 4 Bücher können bis zu 3 Wochen lang kostenlos ausgeliehen werden.

Zum Schluß noch ein ganz wichtiger Hinweis. Vetter und auch Bernart regen an, Konfigurationen oder Wörter aufzuschreiben und dem Schüler mit darüberliegendem durchsichtigen, festen Papier zu übergeben, damit er den Konturen der Konfigurationen und Wörter mit seinem Schreibgerät folgt.

Sie erwarten, daß der Schüler dadurch allmählich dahin geführt wird, die Konfigurationen und Wörter nachher selbständig zu schreiben. Dabei ist aber die Gefahr sehr groß, daß der Schüler krampfhaft diesen Linien nachfährt und damit zu einer unleserlichen Schrift kommt. Diese Verkrampfung muß auf jeden Fall vermieden werden, vielmehr muß der Schüler in freier Anpassung an die vorgefundene Form seinen eigenen Bewegungsvollzug unter Kontrolle bringen. So verfahren auch die Bewegungskünstler, die Tänzer, die Hochleistungssportler und die Maler.

Ein kompletter Leselehrgang ist in dem Verlag Wulff & Co. Dortmund 1983 erschienen.

5.4.1.2. Lehrplanunterlagen für einen Leselehrgang

Die Wortauswahl wurde nach folgenden Gesichtspunkten getroffen:

1. Alle Buchstaben des Alphabetes sollen nach Möglichkeit zweimal im Anlaut vorkommen; nur Q, X, Y und C werden ausgelassen. Diese Buchstaben lernen die Schüler später, wenn der Leselehrgang abgeschlossen ist.
2. Die Wörter müssen bei den Schülern einen hohen Bekanntheitsgrad haben und von ihnen häufig verwendet werden.
3. Die Wortauswahl ist nach aufsteigendem Schwierigkeitsgrad der Aussprache vorgenommen worden. Konsonantenhäufungen sind am Anfang vermieden worden.
4. Die Wortauswahl geschieht auch danach, wie sehr die Wörter sich für die optische und akustische Analyse und für den Gestaltabbau und Gestaltaufbau eignen.
5. Es sind auch Überlegungen angestellt worden, ob sich die Wörter gut für den Satzaufbau und für die Satzerweiterung verwenden lassen. Bei den Verben muß darauf geachtet werden, ob sie sich gut darstellen und in Handlungsvollzüge einbauen lassen.
6. Zum Schluß werden die seltenen Buchstaben eingeführt und schwierige Buchstaben- und Lautverbindungen eingeübt.

Der Leselehrgang sollte in 2 Jahren abgeschlossen sein. 2 weitere Jahre dienen der Übung der Lesefertigkeit. In den letzten Jahren steht das Erlesen von kleinen oder auch schwierigeren Lesetexten im Vordergrund.

Übersicht über den Verlauf des Leselehrganges

Mittelstufe
1. Jahr

1. Vierteljahr naiv-ganzheitliches Lesen 16 Wörter	Mama — Papa, Oma — Opa, Haus — Dach, Maus — Katze, Messer — Gabel, Teller — Tasse, Mund — Auge — Ohr — Zahn
2. Vierteljahr Fortsetzung des naiv- ganzheitlichen Lesens, Beginn der optischen Analyse 17 Wörter	Ball — Auto — Puppe, Finger — Nase — Hand — Fuß, Hund — Ente — Esel, Sonne — Regen — Mantel — Hose, Kanne — Lampe — Feuer
3. Vierteljahr Fortsetzung des naiv- ganzheitlichen Lesens, Fortsetzung der optischen Analyse, Beginn der akustischen Analyse 18 Wörter	Junge — Mädchen, Besen — Eimer, Milch — Suppe — Brot, Roller — Schere — Buch — Dose, Igel — Garten — Hase, Löwe — Affe — Vogel — See
4. Vierteljahr Fortsetzung des naiv- ganzheitlichen Lesens, Fortsetzung der optischen Analyse, Fortsetzung der akustischen Analyse 10 Wörter	Wasser — Kamm — Seife, Eis — Birne — Zitrone, Flasche — Kiste — Tube — Nagel

Mittelstufe
2. Jahr

1. und 2. Vierteljahr Abbau- und Aufbau- übungen bekannter Wörter	Oma Om O	O Om Oma
3. Vierteljahr Abbau- und Aufbau- übungen mit bekannten, aber auch mit neuen Wörtern, Mehrzahlbildungen, Bestimmte und unbe- stimmte Geschlechts- wörter (bestimmter und unbestimmter Artikel)	Oma Om O Hund — Hunde Ente — Enten Dach — Dächer Maus — Mäuse Gabel — Gabeln Ohr — Ohren Ball — Bälle Verkleinerungsformen: Affe — Äffchen Vogel — Vögelchen Garten — Gärtlein	O Op Opa
4. Vierteljahr Tätigkeitswörter (Verben) naiv-ganzheitlich und in Abbau- und Aufbauübun- gen, auch Grundformen (Infinitiv), der ein- fache Satz	schreibt, raucht, rennt, bellt, tropft, rollt, fegt usw. arbeiten, fliegen, schwimmen, trinken usw.	

Oberstufe
1. Jahr

1. Vierteljahr Einführung von Satzergänzungen (Objekte); der erweiterte Satz	Hexe, Quelle, Stuhl, Biene, Bügel, Axt, Faß usw.
2. Vierteljahr Ergänzungen durch Eigenschaftswörter (Adjektive), Hilfszeitwort (Hilfsverb)	alt, grau, rund, scharf, sauer, lustig usw. Oma ist alt.
3. und 4. Vierteljahr Erlesen kleiner Texte	Oma liest. Die Maus ist klein.

Oberstufe
2. Jahr

1. – 4. Vierteljahr Festigung des bisher Gelernten. Umstandswörter (Adverbien) Satzgefüge mit verschiedenen Nebensatzbildungen	Morgen geht Oma in den Garten. Karl läuft schnell. Der Hund bellt, weil er Hunger hat.

5.4.1.3. Die Schreib-Leseschwäche

Das Problem der Legasthenie soll hier nicht erörtert werden. Es sei nur darauf hingewiesen, daß differenziert werden muß zwischen einer Schreib-Leseschwäche, die als spezielle Schwäche bei Schülern ohne begleitende Intelligenzschwäche festzustellen ist und einer allgemeinen Schreib-Leseschwäche, die bei schwachsinnigen Schülern vorkommt, einer Schreib-Leseschwäche also, die durch die Intelligenzminderung verursacht ist (Busemann, S. 515).

Hier interessiert nur die Schreib-Leseschwäche bei geistigbehinderten Schülern. Sie zeigt sich als optische Differenzierungsschwäche, d. h. es fällt den Schülern schwer, die einzelnen Buchstaben aus einem Wortganzen herauszulösen. Die Schreib-Leseschwäche zeigt sich erst recht als akustische Durchgliederungsschwäche, d. h. es fällt den Schülern schwer, die einzelnen Laute aus einem Wortganzen herauszulösen. Schließlich zeigt sich die Schreib-Leseschwäche darin, daß die geistigbehinderten Schüler Schwierigkeiten haben, das richtige Schriftbild nachzuahmen. Die Schrift ist ungleichförmig, unflüssig; die Schriftzeichen sind verschieden hoch und breit; die Schreiblinie ist nicht gerade, sondern schlangenförmig. Die Schrift ist häufig schwer lesbar.

Der Sonderschullehrer kann diesen Schwierigkeiten durch viel Übung begegnen, durch Einsatz von Klötzen, die Buchstaben repräsentieren und damit der optischen Durchgliederung helfen, die aber auch Laute repräsentieren und beim Sprechen der Lautabfolge entsprechend verschoben werden. Die Schreibleistungen können durch Übung der Grobmotorik und anschließend der Feinmotorik gesteigert werden.

5.4.2. Umgang mit Mengen, Zahlen und Größen

Selbstverständlich werden nicht alle geistigbehinderten Schüler das Lesen und Schreiben lernen. Es wird eher eine Minderheit sein. Die Schwierigkeit, das Rechnen zu lernen ist für die Schüler der Schule für Geistigbehinderte ungleich größer. Dittmann meint von den Schülern mit Down-Syndrom: „Die Rechenleistungen verbleiben jedoch fast durchgängig auf einem Niveau, das es den Down-Syndrom-Kindern und -Jugendlichen nicht erlaubt, über die Grundrechenarten — auf der logisch-abstrakten Operationsebene — zu verfügen." (Dittmann, 1975, S. 283) Diese Aussage läßt sich wohl für alle Schüler der Schule für Geistigbehinderte (Sonderschule) verallgemeinern. Es ist eine allgemeine Erfahrung, daß die Fortschritte im Rechenunterricht minimal sind. Gleichwohl sollte auf den Umgang mit Mengen, Zahlen und Größen nicht verzichtet werden, denn es ist unbestritten, daß es sehr nützlich ist, wenn man Anzahlen durchschaut, Ziffern lesen und Größen absehen kann. In der Werkstatt für Behinderte ist z. B. beim Weben das Zählen wichtig, bei Holz- oder Eisenarbeiten das

Messen, in der Hauswirtschaft das Wiegen usw. Auch beim Einkaufen ist die Zahlen- und Ziffernkenntnis von großer Bedeutung. Die Schüler werden dadurch auch zu größerer Selbständigkeit erzogen, weil sie dabei z. B. das Einkaufen lernen und weil sie auch die Hausnummern lesen und sich besser orientieren können.

Bevor Lehrplanüberlegungen angestellt werden, sollen zunächst 2 Fragen erörtert werden:

1. Was sollte dem Schüler vermittelt werden?
2. Wie muß dieser Inhalt dem Schüler vermittelt werden?

Um die erste Frage beantworten zu können, wollen wir die Richtlinien fragen. Wir wählen dazu zunächst die „Richtlinien und Lehrpläne für die Schule für Geistigbehinderte (Sonderschule) in Nordrhein-Westfalen" aus, erschienen 1980: „Umgang mit Mengen, Zahlen und Größen der geistigbehinderten Schüler soll entsprechend seinen individuellen Voraussetzungen in den Umgang mit Mengen, Zahlen und Größen eingeführt werden. Die vergleichende und abwägende Raumbetrachtung ist einzubeziehen.

Bei der Gestaltung des Lehrganges ist im besonderen Maße zu beachten, daß der Unterricht an den unmittelbaren Erlebnis- und Erfahrungsbereich des Geistigbehinderten anknüpft. Der Lehrgang ist in enger Verbindung mit dem gesamten Unterricht durchzuführen, dem die Gegenstände zu entnehmen sind, die geordnet, verglichen, geschätzt, gezählt, gemessen, gewogen und bezahlt werden." (S. 21)

In den „Empfehlungen für den Unterricht in der Schule für Geistigbehinderte (Sonderschule), Beschluß der Kultusministerkonferenz vom 9.2.1979" finden wir nur wenige Ausführungen, wenn davon die Rede ist, daß die Schüler Zeichen, Signale und Symbole erkennen, beachten und entsprechend ihrer Bedeutung handeln sollen (S. 50). An einer anderen Stelle heißt es: „Signalwörter und Ziffern erkennen, beachten und entsprechend ihrer Bedeutung handeln" (S. 51). Hier ist offenbar nicht daran gedacht, daß der Schüler mit Mengen umgeht, sie ordnet oder vergleicht, sondern hier soll der Schüler lediglich in die Lage versetzt werden, mit den Ziffern umzugehen.

„Auch Ziffern, die der Kennzeichnung dienen (z. B. Linienbezeichnung bei der Straßenbahn), können diese Funktion übernehmen" (S. 51). Ferner sollen die Schüler Geld am Automaten wechseln, Fahrscheine lösen, Nahrungs- und Genußmittel besorgen, den Briefmarkenautomaten bedienen, ja gar ein Konto anlegen.

Sehr viel ausführlicher ist der „Bildungsplan der Schule für Geistigbehinderte (Sonderschule)" von Baden-Württemberg, 1982 veröffentlicht. Dort heißt es: „Themenbereich: Mengen und Größen

- Mit Mengen und Größen umgehen
- Signalwörter und Ziffern erkennen, beachten und entsprechend ihrer Bedeutung handeln
- Sich mit Hilfe von Uhren zeitlich orientieren
- Sich mit Hilfe von Kalendern zeitlich orientieren
- Graphische Zeichen verstehen und benutzen
- Geräte und technische Einrichtungen der Wohnung/Schule kennen, sich ihrer bedienen und zweckgerecht behandeln
- Beziehungen zwischen Arbeit und Lohn- bzw. Sozialleistungen erkennen und sich daraus ergebende Ansprüche vertreten", (S. 47) siehe dort weitere inhaltliche Angaben und methodische Hinweise.

Auch der „Lehrplan für die Schule für Geistigbehinderte in Schleswig-Holstein (Handreichung für den Unterricht), Kiel 1982" enthält ausführliche Hinweise. Dort heißt es auf S. 284: „5. Umgang mit Mengen, Zahlen und Größen. Grundsätzliche Überlegungen zu einem Mathematikunterricht an der Schule für Geistigbehinderte. Die Orientierung erfolgt an allgemeingültigen, schulart- und schulstufenunabhängigen Zielsetzungen des Mathematikunterrichts. Dabei ist zu berücksichtigen, daß die Denkleistungen geistigbehinderter Schüler überwiegend an konkrete Handlungen und unmittelbare Anschauung gebunden bleiben. Ziele des Mathematikunterrichts an der Schule für Geistigbehinderte sind die Entwicklung und Förderung

- fundamentaler Denktätigkeiten und -haltungen
- der Fähigkeit, mathematische Sachverhalte, Rechenoperationen oder andere mathematische Beziehungen in alltäglichen gegenwärtigen und zukünftigen Situationen/Anforderungen zu erkennen und
- von Lösungstechniken, die der jeweiligen Situation und dem eigenen Leistungsvermögen entsprechen." Es folgen dann weitere Ausführungen zu den Zielen und Inhalten und Hinweise für die Durchführung des Unterrichts.

Es ist weiter oben schon ausgeführt worden, daß die kognitive Förderung darin besteht, dem geistigbehinderten Schüler die Welt zu erschließen. Dazu gehört, daß er die Gegenstände erkennen, unterscheiden und vergleichen kann, daß er sie in Beziehung zu anderen Gegenständen setzen kann. Dazu benötigt er eine gewisse Sprachfertigkeit, die ihn in die Lage versetzt, die Begriffe für die Beschreibung der Gegenstände und deren Beziehungen auszudrücken. Die Gegenstände können geordnet werden, nach der Größe, der Form, der Farbe usw. Die Eigenschaften von den jeweiligen Gegenständen abgelöst und abstrakt verwendet werden: Blau, viereckig, groß usw.

An anderen Gegenständen können diese Eigenschaften wieder entdeckt werden, daß heißt diese Eigenschaftsbegriffe sind nicht an bestimmte Gegenstände gebunden, aber es können nur Farben mit Farbnamen bezeichnet werden, nur Formen mit den Formennamen.

Die Zahlennamen dagegen verfügen über einen weit größeren Abstraktionsgrad. Sie beziehen sich nicht nur auf Gegenstände und ihre Eigenschaften, sondern auf Gruppen von Gegenständen. Mit Hilfe der Zahlennamen können also Vergleiche von Gruppen unternommen werden, wobei es ganz gleichgültig ist, ob die Gegenstände gleich, ähnlich oder unähnlich sind. Die Aussage „mit Hilfe der Zahlennamen" bezieht sich nur auf die Anzahl der Glieder der zu vergleichenden Mengen. Dabei wissen wir, daß jede Menge so etwas wie eine Mächtigkeit hat, nicht isoliert für sich, sondern nur dadurch, daß sie mit anderen Mengen in bezug auf den beiderseitigen Bestand an Gliedern vergleichbar ist oder als in dieser Hinsicht grundsätzlich vergleichbar gedacht wird. Soweit aber der Bestand an Gliedern einer Menge nur unbestimmt zu dem Bestand anderer Mengen in Beziehung und von ihm unterschieden gedacht wird oder gedacht werden kann, hat der Mächtigkeitsbegriff nur den Charakter unbestimmter Zahlbegriffe wie „viel", „wenig", „mehr", „weniger", „oft", „öfter", „selten", „häufig" usw. In dem Begriff „fünfzehn" wie in jedem anderen Kardinalbegriff wird die Mächtigkeit einer Menge eindeutig bestimmt gedacht, und zwar mit dem Bewußtsein, daß die verschiedenen Mächtigkeiten verschiedener Mengen nach dem kleinsten Unterschied — nämlich um ein individuelles Glied — unterschieden und geordnet gedacht sind, und daß die Mächtigkeit, die eben mit der bestimmten Kardinalzahl fünfzehn gedacht wird, eine ganz bestimmte ist in dem Zusammenhang einer systematischen Ordnung aller Mächtigkeiten, also genau angebbar verschieden von der durch vierzehn oder sechzehn oder acht oder hundert gedachten Mächtigkeit (30/78).

„Der Begriff Mächtigkeit ist nicht direkt zu definieren, ich kann aber definieren, wann zwei Mengen die gleiche Mächtigkeit besitzen: Zwei Mengen sind gleich mächtig, wenn man eine umkehrbar eindeutige Zuordnung zwischen den Elementen der einen und den Elementen der anderen angeben kann. Bei dieser Aussage spielt wiederum eine bestimmte Kardinalzahl keine Rolle." (Dick, S. 12)

Damit wird deutlich, daß der eigentliche Ausgangspunkt die Menge sein muß, und daß man von hier ausgehend den allgemeinen Begriff der Mächtigkeit braucht, um den Zugang zu den Zahlen zu gewinnen. Die Zahl ist aber kein Element der Wahrnehmung, keine Eigenschaft, nicht sinnlich wahrnehmbar wie der Gegenstand „Apfel" oder die Farbe „Blau", sondern die Zahl entsteht durch einen Denkakt, die Zahl wird an die Dinge herangetragen, und zwar durch Zuordnen, Vergleichen, Zusammenfassen und Trennen. Dazu ist die Zahlenreihe nicht unbedingt notwendig.

Diese Aussagen mußten den nachfolgenden Überlegungen zur geeigneten Methode der Zahlbegriffsbildung bei geistigbehinderten Schülern vorangestellt werden.

5.4.2.1. Die geeignete Rechenmethode für die Zahlbegriffsbildung

Da sind zunächst die *Anschauungsmethodiker* oder auch die *Zahlbildmethodiker* zu nennen, die ganz im Sinne der Sensualisten von der optisch-räumlichen Versinnbildlichung der gestalteten Mehrheit ausgehen und voraussetzen, daß die Anzahl im „Zahlenbild" simultan erfaßt wird. Die Zahlauffassung ist demnach also kein denkerischer Akt, sondern eher eine Wahrnehmungsangelegenheit. Die Zahlvorstellung soll durch Abstraktion aus der Anschauung entstehen. Folglich geht man im Unterricht vom Anschauen zahlenmäßig gut erfaßbarer Dinge aus, etwa von zwei Augen, zwei Armen, zwei Beinen usw. oder von vier Rädern am Wagen usw. Um diese Anschauung zu abstrahieren und zu einer größeren Klarheit zu kommen, fand man die sogenannten Zahlbilder besonders geeignet: simultan zu erfassende Gruppen von Punkten. Sie sollten fest eingeprägt werden und auch beim Zerlegen der Zahlen benutzt werden.

Es gab damals große Auseinandersetzungen um die geeignete Anordnung der Punkte. Es setzten sich zunächst diejenigen durch, die das Punktgruppenbild bevorzugten gegenüber jenen, die die lineare Anordnung der Punkte für besser hielten.

Hentschel schlug folgende Anordnung vor:

Beetz setzte sich für folgende Anordnung ein:

Born hielt diese Anordnung für besser:

• • • • • • • •• •• ••• •••
•   • • • ••   ••• •••   ••••

(siehe auch Ellrott/Schindler S. 29)

Lay ließ diese Zahlbilder beim Zahlherstellungsakt nicht nur optisch, sondern auch durch den Tastsinn erfassen und glaubte, daß durch die Verknüpfung der beiden Empfindungen die Zahlvorstellung um so sicherer erfahren wird, ja er meinte, daß das Begriffene, das Betastete auch dem Schwachbegabten begreiflich zu machen sei. Beim Zahldarstellungsakt wurden auch das Gehör und die Bewegung berücksichtigt, indem man die Anzahlen klatschen und klopfen ließ. Wie es schon Comenius gefordert hatte, sollten beim Lernen, auch beim Lernen der Zahlvorstellung, alle Sinne beansprucht werden.

Unter den Anschauungsmethodikern gibt es zwei verschiedene Richtungen: Bei der *synthetischen* Methode beginnt der Lehrer mit der 1 und behandelt nacheinander jede Zahl bis 10, und erst dann beginnt er mit den Operationen des Zuzählens und des Abziehens, des Zerlegens und des Ergänzens. Die Gewinnung der Zahlen geschieht nach den Grundsätzen der „Anschauungsmethodik" und durch Hinzufügen der 1 zu der bereits behandelten Zahl.

Stärker durchgesetzt hat sich aber die *monographische* Methode. Sie behandelt die Zahl ebenfalls sozusagen als Individuum, monographisch. Sie beginnt ebenfalls mit der 1, die nach dem Grundsatz der Anschauungsmethodik aus der Anschauung *einer* Person, *eines* Fingers, *eines* Griffels und *einer* Nase abstrahiert wird.

Dann wird das Zahlbild geboten, und schließlich wird die Ziffer geschrieben. Es folgt dann die 2 in der gleichen Behandlungsweise.

Dazu treten aber jetzt auch die Operationen des Zuzählens und des Abziehens, des Zerlegens und des Ergänzens, und zwar sofort in der Form der Gleichung:

1 + 1 =
1 − 1 =
2 − 1 =
2   = 1 +
2 − 2 =
   1 = 2 −
2 − 1 − 1 =

dann folgt die Behandlung der 3 usw.

So wird jede Zahl nach ihren Eigenschaften behandelt, sie ist gewissermaßen immer eine besondere Rechenstufe, ein Übungskreis im kleinen für sich. Es folgt eine Zahl nach der anderen, wobei das Aufgabenmaterial immer umfangreicher wird. Bei der 4 sind immerhin schon 40 Aufgaben möglich.

In den Rechenfibeln der monographischen Methode ist gewöhnlich jeder Zahl eine Seite gewidmet. Sie enthält ein Bild, das möglichst oft Gegenstände in der zu gewinnenden Zahl darstellt. Neben vereinfachten Skizzen, die nachgemalt oder bunt bemalt werden können, findet man oft das Fingerzahlbild, ein abstraktes Zahlbild und endlich die Ziffer. Dann folgen die Zifferngleichungen.

Man geht also von der „Anschauung" aus, die eine *figurale* Anschauung ist, läßt die Dinge allmählich zurücktreten, indem man erst dingliche Symbole, dann graphische Symbole an ihre Stelle setzt, bis endlich als Stellvertreter des Zahlwortes die Ziffer erscheint. Dieses Verfahren ist bei jeder Zahl unter 10 gleich.

Von der Methodik her gesehen ist die Anschauungsmethode heute in allen Schulen bedeutungslos. Sie hat nur noch einen historischen Wert. In der Schule für Geistigbehinderte (Sonderschule) findet man sie heute allerdings noch relativ häufig. Das hat mit der Geschichte dieses Sonderschultyps zu tun, der sich aus den sozialpädagogischen Tagesstätten entwickelt hat. Das hat auch mit den Lehrenden dieses Sonderschultyps zu tun, die anfangs überwiegend Sozialpädagogen waren und sich in der Kindergartenpädagogik besser auskannten als in der Schulpädagogik und die das Beschäftigungsmaterial aus dem Kindergarten mitbrachten. Es hat auch wohl damit zu tun, daß man den Entwicklungsstand der geistigbehinderten Schüler gern mit dem Entwicklungsstand jüngerer nichtbehinderter Kinder vergleicht und deshalb Materialien aus der Kindergartenpädagogik in der Schule für Geistigbehinderte verwendet, was ja auch nicht ungerechtfertigt ist. Zahlreiche Mengendominos, Mengenlottos, Zahlendominos und Ziffernpuzzles sind zwar sinnvoll für die *Beschäftigung* von Kindern, nicht aber für den Erwerb von Zahlvorstellungen.

Den bisher dargestellten Anschauungsmethodikern kann man die *Zählmethodiker* gegenüberstellen. Sie gehen davon aus, daß die Zahlen nicht durch bloße sinnliche Wahrnehmung oder durch Anschauung gewonnen werden, sondern durch einen geistigen Akt.

Ein geistiges Tun muß zu den Anschauungen hinzutreten, damit die Zahlvorstellung entstehen kann. Diese geistige Tätigkeit ist das Zählen, das Auf- und Abklettern in der Zahlenreihe. Für die Zählmethodiker ist das Zählen ein Messen, und gemessen werden kann nur das, was in Reihenform nacheinander auftritt. Jede Zahl entsteht aus der vorhergehenden durch Hinzufügen der 1. So hat jede Zahl ihren festen Ort, und bei jeder Zahlvorstellung wird die Zahlenreihe mitgedacht. Die Zahl wird also sukzessiv erfaßt, nicht simultan.

Hier ist als wichtigster Autor Kühnel zu nennen, der bei der Gewinnung des Zahlbegriffs glaubt von Entwicklungsstufen ausgehen zu müssen. Jede Entwicklungsstufe beansprucht etwa 2—3 Lebensjahre. Zunächst entwickeln die Kinder einen unbestimmten Zahlenbegriff, etwa im 2. und 3. Lebensjahr, dann folgen bis zum 6. Lebensjahr die ersten bestimmten Zahlbegriffe, vom 6. Lebensjahr an beginnt dann das Kind einzusehen, daß die Zahlbegriffe in einer aufsteigenden Reihe geordnet zu sehen sind, und zwar so, daß jede nachfolgende Zahl immer eine Einheit mehr umfaßt als die vorhergehende. Nach dem 6. Lebensjahr wird dann von den Schülern das Zahlbegriffssystem erkannt, von dem 10. Lebensjahr an dann auch die Bruch- und Dezimalzahl usw.

Auf der ersten Stufe entwickelt das Kind also einige unbestimmte Zahlbegriffe. Der erste dieser Begriffe ist „viel", der zweite Begriff ist „wenig", was von dem Kind zunächst als „nicht viel" angesehen wird. Als dritter unbestimmter Zahlbegriff erscheint etwas später das „mehr".

In größeren Abständen folgen dann die nächsten Begriffe „weniger", „zu viel" und „zu wenig". Diese erste Entwicklungsstufe ist durch drei wesentliche Merkmale gekennzeichnet:

— es kommt auf feine Unterschiede nicht an. Es wird vielmehr in starker Gefühlsbetonung als mehr oder weniger angenehm erfaßt.
— die Einheit als Zahlbegriff kommt noch nicht zum Bewußtsein. Die gesonderte Auffassung der einzelnen Dinge innerhalb einer Mehrzahl ist auf dieser Stufe noch nicht vorhanden.
— die gewonnenen Begriffswörter sind an die erste Interessensphäre des Kindes gebunden. Das Kind wendet seine Zahlbegriffe noch nicht allgemein an, sie haften noch an den Dingen, wo tatsächlich die Vielheit zum gefühlsbetonten Erlebnis wird.

Der Zahlbildungsprozeß wird auf *dieser* Stufe durch zwei Tätigkeiten bewirkt, und zwar durch das Vergleichen und durch das Zusammenfassen. Durch das Vergleichen, das nach Kühnel in der Verbindung psychisch aktiver Erlebnisse seinen Ursprung hat, gelangt das Kind von zunächst groben zu immer feineren Unterschiedsmerkmalen bis hin zu qualitativen und quantitativen Unterschieden. Damit sich Zahlbegriffe bilden können, muß zu der analytischen Tätigkeit des Vergleichens die synthetische Tätigkeit des Zusammenfassens hinzukommen. Indem eine begrenzte Menge unter dem Gesichtspunkt der Gleichartigkeit zu einer Einheit zusammengefaßt wird, findet eine Abgrenzung der Menge des Zusammengefaßten von den übrigen Eindrücken statt.

Auf der *zweiten* Stufe erwirbt das Kind die ersten bestimmten Zahlbegriffe. Die Zahlbegriffe 1, 2, 3, 4 gewinnen zusehends an Klarheit, die jedoch nicht in der angegebenen Reihenfolge erfolgen muß. Der Zahlbegriff, der durch das gefühlsbetonte Erlebnis ausgezeichnet ist, wird als erster deutlich. Dies ist in der Regel die 2, in Ausnahmefällen die 3. Die Zahl 1 gewinnt nach Kühnel erst später an Klarheit, bei den Ausdrükken wie *ein* Pferd, *ein* Kind usw. das Wort wird „*ein*" nicht als Zahlwort, sondern als unbestimmtes Geschlechtswort aufgefaßt. Zwei Hindernisse machen es dem Kind nicht möglich, bereits auf dieser Entwicklungsstufe weitere bestimmte Zahlbegriffe auszubilden. Das Hindernis besteht einerseits in der Beschränkung des kindlichen Aufmerksamkeitsumfanges auf höchstens 4 Gegenstände, zum anderen stehen dem Kinde symbolische Stellvertretungsvorstellungen (z. B. Zahlwörter) noch nicht zur Verfügung. Um die Entwicklung bestimmter Zahlvorstellungen zu fördern, ist es notwendig, die Anzahl der für das Kind gefühlsbetonten Dinge auf höchstens 4 zu beschränken.

Die Gemeinsamkeiten der beiden ersten Entwicklungsstufen bestehen darin, daß die erworbenen Zahlenbegriffe noch vollkommen an Sachbegriffe geknüpft sind, die für das Interesse des Kindes besondere Bedeutung haben.

Auf der *dritten* Entwicklungsstufe erwirbt das Kind nun die Zahlbegriffe der Reihe. Diese Stufe ist für den Unterricht die bedeutsamste, da die ersten beiden Stufen für gewöhnlich bei Schuleintritt abgeschlossen sind. Es wurde hier nur deshalb noch einmal erörtert, weil die geistigbehinderten Schüler sich bei Schuleintritt noch auf diesen ersten beiden Stufen befinden oder noch davor. Das wesentliche dieser dritten Entwicklungsstufe besteht in der Vermittlung des Größengefühls, „das sich nur bilden kann in Assoziation mit einer fortwährend um 1 wachsenden Größenreihe, die an den Dingen wohl wahrnehmbar, aber doch von ihnen zu abstrahieren ist". (Kühnel S. 33).

Die Schüler erwerben nun die Zahlbegriffe von 5 an. Für die Entwicklung des Zahlbegriffs sind im Unterricht drei Gliederungsmotive zu beachten:
— der verschiedene Grad der Gedächtnisleistung in Zahlauffassung und Zahldarstellung
— die Erweiterung des Aufmerksamkeitsumfanges im Zählen, im rhythmisierten Zählen und Überblicken
— die Tatsache der langsam beginnenden Abstraktionen, die sich darin zeigt, daß die Schüler Dinge durch dingliche Symbole ersetzen.

Methodisch soll der Erwerb der Zahlwortreihe durch verschiedene Zählformen (Aus- und Abzählen) erreicht werden, die in vier verschiedenen Schwierigkeitsstufen auftreten.

Die Schwierigkeitsstufen, die durch kindliche Ausdrücke benannt sind, sollen dabei in folgender Reihenfolge behandelt werden:
1. Zählen mit „Rücken" (die gezählten Dinge werden auf die Seite geschoben).
2. Zählen mit „Tippen" (die gezählten Dinge werden mit dem Finger berührt).

3. Zählen mit „Zeigen" (die gezählten Dinge werden mit dem Finger gezeigt).
4. Zählen mit „Gucken" (die gezählten Dinge mit den Augen anvisiert).

Eine wesentliche Forderung Kühnels besteht darin, daß das Gezählte jeweils zu Ganzheiten zusammengefaßt wird. Am Anfang werden wirkliche Dinge zusammengefaßt bzw. gezählt, später wird zu anderen Zählobjekten übergegangen, die durch zunehmende Abstraktion gekennzeichnet sind.

Den Übergang von der dritten Entwicklungsstufe, auf der die Vermittlung des Größengefühls von Zahlen einer begrenzten Zahlenreihe im Vordergrund steht, zur vierten Entwicklungsstufe, die zur Einsicht in das Zahlensystem führen soll, sieht Kühnel durch das rhythmisierte Zählen gegeben. Rhythmisiertes Zählen kommt durch abwechselnd leises und lautes Aussprechen der Zahl zum Ausdruck. Das rhythmisierte Zählen ist die Zwischenstufe zwischen dem Zählen und dem Überblicken. Das Überblicken soll dem Schüler ermöglichen, eine Zahl schneller aufzufassen. Zu diesem Zweck verwendet Kühnel Zahlbilder und eine Hundertertafel, auf der jede Zahl bis 100 mittels eines Abdeckblattes dargestellt werden kann. (Kühnel, S. 96/98)

Methodisch erfolgt die Einführung in das Zahlensystem in der Weise, daß die Schüler dazu angehalten werden, die ihnen vorgelegten Zahlbildtafeln einzeln abzuzählen. Schon nach wenigen Übungen dieser Art sollen sie dann in der Lage sein, im Zehnerrhythmus zu zählen. Solange der Zahlenraum bis 100 behandelt wird, werden die Zehnereinheiten stärker betont. Ähnlich erfolgt dann die Einführung in den Zahlenraum bis Tausend.

Auf der letzten Entwicklungsstufe ist das Erfassen der Größe nicht mehr abhängig von der subjektiven Reichweite des eigenen Zählens, sondern der Umfang des Zahlenraumes dehnt sich viel mehr bis in die Unendlichkeit aus.

Als Vorbereitung für die später zu behandelnden Rechenoperationen dient ebenfalls das rhythmisierte Zählen (Zweier-, Dreierrhythmus usw.).

Multiplizieren ist somit als rhythmisch wiederholtes Zählen zu sehen. Das Addieren wird durch Vorwärtszählen, das Subtrahieren durch Rückwärtszählen gelernt. Das Dividieren, das unter dem Gesichtspunkt des Enthaltenseins eingeführt wird, erfordert ein wiederholtes Rückwärtszählen.

Zwei wichtige Forderungen Kühnels sollen noch einmal hervorgehoben werden:

1. Das Rechnen muß als „erlebnisgebundenes Sachrechnen" in „lebensechten Situationen aus dem Erlebniskreis des Kindes" sich ergeben. Das Rechnen muß organisch mit dem Leben des Kindes verbunden sein. „Unser Rechenunterricht muß sachlich werden und unser Sachunterricht muß sich rechnerisch gestalten" (Kühnel, S. 5).

2. Kühnel definiert die Anschauung als ein wiederholtes, planmäßiges Erfassen mit allen Sinnen. Das kommt ganz besonders beim rhythmisierten Zählen zum Ausdruck, dabei werden nicht nur Augen, Ohren und Hände, sondern der ganze Körper beansprucht.

Kühnel ist den *Synthetischen Methodikern* zuzuordnen. Er trennt Zahl und Operationsbegriff und verlangt eine Sonderbehandlung der Operation. Er unterscheidet die Zahl von der Ziffer und führt die Ziffer erst ein, wenn der Zahlbegriff vorhanden ist. Kühnel weist auf die Schwierigkeiten des Gleichungsbegriffes hin und führt die Zifferngleichung erst sehr spät ein und bedient sich dabei der Wippe als Anschauung.

Die Methode von Kühnel hat in der Schule für Geistigbehinderte (Sonderschule) zahlreiche Anhänger. Sie gehen davon aus, daß die Schüler dieser Schule niemals das Rechnen lernen, sondern allenfalls in einem beschränktem Zahlenraum das Zählen. In der Tat ist es so, daß eine ganze Anzahl von Schülern Fortschritte im Lesen macht, daß aber nur wenige Schüler genaue Zahlvorstellungen erwerben und Rechenoperationen durchführen können. Anscheinend ist das beziehliche Denken im Rechnen schwieriger zu bewältigen. Die Erfahrung zeigt aber auch, daß Schwierigkeiten beim Zählen — nicht nur bei geistigbehinderten Schülern — dadurch zustandekommen, daß die Schüler Ordinalzahlen aufnehmen, wo sie sich Kardinalzahlen zu eigen machen sollen, d. h. die Schüler zählen eins, zwei, drei, vier usw., fassen aber der Erste, der Zweite, der Dritte, der Vierte, auf.

Deshalb können sie die Frage, ob 4 mehr als 2 sind, nicht beantworten, sondern nur raten oder schätzen. Möglicherweise ist dieser Denkfehler aber nicht nur eine Folge oder nicht die alleinige Folge ihrer intellektuellen Beeinträchtigung, sondern auch eine Folge der Methode. Die Zählmethode führt leicht dazu, daß der Schüler Kardinal- und Ordinalzahlen verwechselt.

Diesen Fehler vermeidet der *ganzheitlich-analytisch-synthetische Rechenunterricht* von Johannes Wittmann. In Ablehnung zu Kühnel, der von figuraler Anschauung spricht, definiert Wittmann die Anschauung als eine *Strukturanschauung*. Sie ist nach Wittmann nicht etwas unmittelbar Gegebenes, passiv Übernommenes, sondern sie ist ganz wesentlich ein Produkt der gestaltenden Phantasie. Anschauung ist also nicht etwas Passives, sondern sie ist eine Tätigkeit, ein Prozeß, in dem ein komplexer Sehinhalt durch analytisch sonderndes und synthetisch beziehendes Denken eine bestimmte Struktur erfährt. ,,Anschauung als Ergebnis dieser Tätigkeit ist das Bewußtsein um die besondere Art der architektonischen Gliederung eines ganzheitlich aufgefaßten Sehinhaltes''. (Wittmann 1967[4])

,,Anschauung ist Zuordnung und Bewußtsein und Zuordnung in einer Ganzheit'' (Wittmann 1967[4], S. 59).

Anschauen hat also mit Zusammenschauen zu tun, und das Wesen der Anschauungen kommt in den Strukturauffassungen zum Ausdruck. Die wichtigsten räumlichen Strukturen sind:

— Das *Zusammen*, das heißt, das Beisammensein jeder Art, gemischt, gereiht, geordnet gegliedert usw., dann das *Auseinander* (schneiden, trennen, spalten usw.)
— Das Gerade-, Gebogen-, Krummsein (strecken, dehnen, drehen, winden, neigen, usw.)
— Das Hohle, Leere, Volle
— Das Umgebende, Umhüllende usw.
— Das Steigende, Hohe, Fallende usw.
— Das Raue, Glatte
— Das Spitze, Eckige
— Das Lockere, Lose.

Die wichtigsten zeitlichen Strukturen sind:

— wechseln, anders sein, verändern
— nacheinander, vorher, nachher usw.
— gleichzeitig, zugleich
— vergangen, gegenwärtig, zukünftig
— anfangen, dauern, enden usw.

Die Kinder müssen also die Anschauungen von den Gegenständen ihrer dinglichen Umwelt bilden, sie lernen dadurch die Umwelt aufzugliedern und bestimmte Ordnungen herzustellen. Sie erwerben die Fähigkeit, Gleichheiten, Ähnlichkeiten und Gegensätze oder Unähnlichkeiten voneinander abzuheben, d. h. sie können eine ordnende Tätigkeit vornehmen, Gegenstände miteinander in Beziehung setzen, Mengen neu gliedern und gestalten und damit eine Struktur herstellen.

Wittmann beginnt deshalb auch nicht sofort mit Zahlbegriffen, sondern er schafft durch Begriffsbildung von Ordnungsbegriffen die Voraussetzungen für die Zahlbegriffsbildungen. Dabei werden zunächst auch die pränumerischen Begriffsbildungen vorgenommen.

Durch einen handlungsorientierten Unterricht erwerben die Schüler die logischen Strukturen im Umgang mit Mengen und bei Mengenvergleichen und machen im Experiment die Erfahrung von der Unveränderlichkeit der Menge oder der Mengenerhaltung, und zwar nicht durch formallogisches Schließen, sondern durch konkret-anschauliches Handeln. Sie erwerben dann zugleich auch eine Methode, durch Vergleiche von Mengen festzustellen, welche Menge eine größere Mächtigkeit hat, ohne dabei zählen oder die Zahlenreihe beherrschen zu müssen. Wittmann unterscheidet in seinem ganzheitlichen Rechnen vier Stufen der Mengenbehandlung:

1. Stufe der Mengenbehandlung:
Auffassen von Mengen als Einheiten, auch mehrerer Mengen zugleich:
Wir bilden kleine und große Häufchen von Steinen, Blättchen, Maiskörnern u. ä.; wir bilden große und kleine Häufchen von großen und kleinen Steinen bunt durcheinander; wir bilden dann große und kleine Häufchen von nur großen und nur kleinen Steinen.
Wir legen die Steinchen einmal dicht zusammen, einmal weit auseinander. Wann brauchen wir mehr Platz?
Wir sammeln eine ungeordnete Menge Steinchen in ein Mal. Gehen alle hinein? Was machen wir mit den anderen?
Wir zeichnen kleine und große Male, gleichgroße Male, eine Menge Male.
Wir zeigen in einem Mal das Innen und das Außen, das Umherum, das Hinein, das Heraus.

2. Stufe der Mengenbehandlung:
Das Ordnen von Mengen. Große und kleine Steine befinden sich in einem Mal. Wir ordnen:
Große Steine in ein Mal, kleine Steine in ein Mal.
Papier in kleine Stücke reißen und ordnen.
Steinchen ordnen: der Größe nach, in einer Reihe.
Wie kann man verschieden große Steinchen noch ordnen?
Steinchen in Reihen ordnen: obere Reihe die großen, untere Reihe die kleinen.
Verschiedenfarbige Plättchen ordnen.
Gleichfarbige Plättchen ordnen: verschiedengeformte Plättchen ordnen, gleichgeformte Plättchen ordnen, Plättchen verschiedener Dicke ordnen, eine ungeordnete Menge in Reihen ordnen.
Das Quadrat, das Rechteck, das Dreieck, der Kreis, oval, Stern, die Schlangenlinie, die gerade Linie.

3. Stufe der Mengenbehandlung:
Das Vergleichen von ungeordneten Mengen.
Wir zeichnen zwei gleichgroße Male.
In das eine Mal werden große Steinchen gelegt, in das andere Mal kleine Steinchen. In welchem Mal sind mehr Steinchen?
Wie kann man das beweisen?
In einem Mal sind große und kleine Steinchen. Von welcher Sorte sind mehr in diesem Mal?
Ein Mal mit großen und kleinen Kringeln zeichnen, die großen rot anmalen, die kleinen grün. Was können wir nun fragen? In einem Mal sind kleine Steinchen dicht beieinander, in einem anderen Mal sind kleine Steinchen weit auseinander?
In einem Mal sind Maiskörner oder Plättchen. Zwei Male bilden und Maiskörner oder Plättchen verteilen, bis das erste Mal leer ist. In welchem Mal sind mehr? Worauf muß man achten?
Kringel in einer Reihe abwechselnd rot und grün anmalen.
Ein Häufchen kleiner und großer Steine ordnen. Wie?

Ein Häufchen großer und kleiner Steine in zwei Reihen ordnen, Stein für Stein. Was wissen wir, wenn die Reihen gleich lang sind?
Ein Mal mit großen, ein Mal mit kleinen Steinen. Feststellen, in welchem Mal mehr Steinchen sind? Wie macht man das?
Wir bilden verschiedene Reihen mit Plättchen. Jede Reihe ist kleiner als die vorhergehende. Frage?
Wie können wir eine Reihe halbieren?
Wir legen eine Doppelreihe.
Eine Doppelreihe in Male mit einem Paar aufteilen.
Eine gerade Reihe in Male mit Paaren aufteilen.
Den Tageslauf eines Kindes in einer Zeitreihe darstellen.
Was Mutter morgens tut.
Was wir tagsüber tun.
Was Mutter tagsüber tut.
Was Vater tagsüber tut.

4. Stufe der Mengenbehandlung:
Gewinnung von Mengenanschauung:
Die Doppelreihe, aus ihr wird das Paar, der Zweier gewonnen.
Ungeordnete Mengen in Reihen, in Male mit Paaren aufteilen.
Das Verteilen, das Halbieren, das Verdoppeln.
Aus Zweiern Einer bilden.
Die Einertreppe, die Zweiertreppe, die Zweiersäule.
Das Doppelpaar oder der Vierer: Viererreihen, Vierertreppen, Vierersäulen, Aufteilen in Male mit Vierern.
Vergleich von Reihen, die in Male mit Zweiern und Vierern aufgeteilt wurden.
Der Dreier, verschiedene Anordnungen, Vergleich von Reihen.
Male mit Zweiern, Dreiern, Vierern.
Dreierreihen, Dreiersäulen, Dreierfelder, Viererfelder.
Der Doppeldreier — der Sechser
Der Doppelvierer — der Achter
Der Fünfer — der Doppelfünfer — der Zehner
Der Siebener — der Neuner
Übungen wie vorhin.

Nun beginnt das Aufteilen, Zerlegen und Verteilen bei eindeutiger Mächtigkeit.
Wir nehmen also zehn Maiskörner oder Plättchen. Was können wir damit tun? Wir legen:
  zwei Male mit fünf Plättchen,
  drei Male mit drei Plättchen
  und ein Mal mit einem Plättchen,
  zwei Male mit vier Plättchen
  und ein Mal mit zwei Plättchen,
  drei Male mit zwei Plättchen
  und ein Mal mit vier Plättchen,
  fünf Male mit zwei Plättchen usw.

Es folgt dann die Einführung der Ziffern. Später wird der Zahlenraum erweitert, und es werden die Rechenoperationen des Zuzählens, Abziehens, Malnehmens und Teilens eingeführt, und zwar so weit, wie die Schüler folgen können.

Sehr wichtig ist bei diesem Rechenunterricht, daß

1. immer mit der Wirklichkeit begonnen wird, dann kann
2. die Wirklichkeit mit Hilfe von Knetmassen drei-dimensional nachgebildet werden. Dann werden
3. die Rechenprobleme mit Hilfe von Plättchen gelöst, dann
4. durch das Nachzeichnen, und schließlich
5. wird die Handlung symbolisiert und durch die Ziffer dargestellt.

Wichtig ist, daß die Schüler lernen, Gegebenes aufzugliedern, miteinander zu vergleichen und zu verteilen.
Wichtig ist daher, daß immer mit wirklichen Dingen hantiert wird.
Wichtig ist schließlich, daß der Abstraktionsprozeß langsam vorgenommen und die Ziffer relativ spät eingeführt wird.

Ähnlich gehen auch diejenigen Methodiker vor, die man zu den operativen Methodikern zählt, wie Fricke/Besuden, Kern, Cuisenaire, Neunzig/Sorger, Dienes und Dick.

Sie beginnen gewöhnlich mit dem Bauen, frei oder gelenkt. Dann werden Gleichheitsbeziehungen hergestellt, es folgen Ordnungsbeziehungen, und schließlich werden Mengenvereinigungen und Mengentrennungen vorgenommen.

Diese Methodiker beginnen ebenfalls wie Wittmann mit dem pränumerischen Teil und der Menge, nicht mit den Elementen.

Neunzig/Sorger und Dienes versuchen, die Schüler mit der Sprache der Mengenlehre vertraut zu machen. Damit sind unsere Schüler weit überfordert. Das mathematisch-logische Denken steht mehr im Vordergrund, und gefördert wird dadurch nur die mathematische Logik, nicht das Denken allgemein, das es gar nicht gibt. Das Denken spielt sich immer an Sachverhalten ab, die beherrscht werden müssen, wenn man sie in andere Bezüge (umstrukturieren, Lewin) überführen will. Fehlen genügend Informationen, können keine guten neuen Bezüge (keine guten Gestalten) hergestellt werden.

Zusammenfassung:

Als Rechenmethoden wurden die Anschauungsmethode oder auch die Zahlbildmethode, die Zählmethode und die ganzheitliche Methode beschrieben. Die am besten geeignete Methode ist das ganzheitlich-analytisch-synthetische Rechnen von Johannes Wittmann, der von der ungeordneten über die geordnete Menge zur Zahlbegriffsbildung führt. Diese Methode schließt sich nahezu nahtlos an die Sinneserziehung an. Sie beginnt mit figuraler Anschauung und führt zur Strukturanschauung und erschließt damit dem Schüler die Welt der Zahl.

Selbstverständlich wird eine beträchtliche Anzahl der Schüler der Schule für Geistigbehinderte (Sonderschule) trotz aller Bemühungen keine Zahlvorstellung erwerben. Dennoch sollte man diese Schüler im gesamten Klassenverband bis gegen Ende des zweiten Jahres der Mittelstufe mitarbeiten lassen, weil es für sie auch wichtig ist, Mengen aufzufassen und aufzugliedern. Erst wenn die anderen Schüler in die Gleichung eingeführt werden, sollte man mit denjenigen Schülern, die keine Zahlvorstellung erworben haben, das Abzählen üben. Ferner sollten sie dazu gebracht werden, Ziffern zu lesen. Ziffernkenntnis kann auch wichtig sein, wenn keine Zahlvorstellung damit verbunden wird, wenn z. B. eine bestimmte Hausnummer oder eine bestimmte Bus- oder Straßenbahn-Nummer gesucht wird.

5.4.2.2. Die Rechenschwäche

Adolf Busemann unterscheidet eine sogenannte Zählschwäche (Anarithmie) von der Rechenschwäche (Arithmasthenie). Beide Erscheinungen sind seiner Ansicht nach mit der hilfsschulbedürftigen Debilität gegeben und dürften daher auch für geistigbehinderte Imbezille interessant sein. Die Rechenschwäche ist der weitere, umfassendere Begriff. Nicht jede Rechenschwäche beruht auf einer Schwäche des Zählens, aber jede Zählschwäche bedeutet immer auch eine Rechenschwäche. Die Zählschwäche zeigt sich dort, wo Kinder, die altersgemäß dazu fähig sein müßten, nicht in der Lage sind, sinnvoll zu zählen, die also etwa im Alter von sieben Jahren nicht fähig sind, von fünf Gegenständen zwei herauszugeben.

Busemann unterscheidet bei der Zählschwäche:
Die *dysphasische* Zählschwäche, die auf einer Dysphasie beruht, d. h. auf einer zentralen Sprachschwäche.

Der *semantisch* dysphasische Mensch, d. h. derjenige, dem der Gebrauch sprachlicher Zeichen schwerfällt (semantische Dysphasie = Sprachzeichenschwäche), ist im Zählen und auch im Rechnen behindert, das ja die Verfügung über die Zahlwörter voraussetzt.

Der *motorisch* dysphasische Mensch kann zwar einen Zahlbegriff denken, aber er kann die Zahl nicht aussprechen.

Der *noëmatisch* dysphasische Mensch hat ebenfalls Schwierigkeiten im Zählen und Rechnen, wobei die Zahl als Symbol nicht zuverlässig verstanden wird. Die noëmatische Dysphasie ist die Symbolverständnis- oder verwendungsschwäche. Der Symbolcharakter von Zahlen (Primärsymbole) und Ziffern (Sekundärsymbole) wird nicht verstanden. „Das Zählen besteht, wie wir gesehen haben, in der Analyse einer Mannigfaltigkeit von Gegenständen und der Synthese einer Menge von ihnen mittels der Zahlen. Diese Leistung hat zwei Seiten: die Verarbeitung der gegebenen Gegenstandsmannigfaltigkeit und die Anwendung der Zahlen. Die erstere setzt ein normales Erfassen von Gegenständen voraus, ihre Abhebung vom Erlebnisgrunde, ihre Sonderung voneinander, ihre Erfassung der Reihe nach, ihre Zusammenfassung zu einem neuen „begrifflichen" (ideellen) Ganzen. Sie leidet darum z. B. bei unzureichender Objektivierung der Gegenstände, was in thymisch-diffuser Erlebnisweise begründet sein kann.

Die zweite Seite des Zählens setzt den Besitz von Zahlwörtern und sinngemäße Verfügung über sie voraus. Jede Dysphasie vermindert darum die Fähigkeit des Zählens. Wer die Zahlwörter nicht aussprechen kann, ist schon im Nachteil, mehr noch, wer sie nicht im Sprechdenken verwenden kann, am meisten, wer an noëmatischer Dysphasie leidet, den Symbolcharakter des Zahlwortes nicht oder nicht mehr erleben kann, die Zahlwörter unverstandene, wenngleich vielleicht nachahmbare oder gar geläufige, aber sinnlose Lautgebilde sind. „(Busemann, S. 450)." Es gibt also eine dysphasische Zählschwäche, die eine Sprachzeichenschwäche ist und die sich auf dreierlei Weise zeigen kann:

— als *motorische Dysphasie* (die Zahl kann nicht ausgesprochen werden)
— als *sensorische* oder *semantische* Dysphasie (der Zahlbegriff fehlt)
— als *noëmatische* Dysphasie, die sich also auf das Erkennen bezieht (die Zahlwörter werden wohl als Worthülsen verwendet und können auch ausgesprochen werden, aber sie können nicht sinnvoll angewandt werden; dabei kann auch die Abfolge der Zahlwörter gelockert sein.)

Daneben gibt es auch eine *nicht-dysphasische*, eine sachverhaltsanalytische Zählschwäche. Die noëmatische Analyse eines Ganzen kann nicht geleistet werden. Beim Zählen müssen die Einzelbestandteile eines Ganzen als solche erkannt und aus dem Ganzen herausgelöst werden. Sie müssen mit Zahlwörtern versehen werden.

Zugleich aber dürfen die Einzelgegenstände nicht völlig für sich und isoliert erfaßt werden, sondern sie müssen im Zusammenhang des Ganzen belassen werden.

Die Zahl für den letzten gezählten und benannten Gegenstand bedeutet zugleich die Anzahl der gezählten Menge. Diese Teilmomente des Zählvorganges können von zählschwachen Schülern nicht geleistet werden. Wenn sie 4 Äpfel zählen sollen, heißt das, daß sie sie als Einzelgegenstände aus dem anschaulichen Ganzen heraussehen müssen, sie mit Zahlwörtern so benennen, daß jede Benennung nichts an der Zugehörigkeit ändert, sondern diese Zugehörigkeit eher noch betont, weil der zuletzt benannte Apfel zugleich die vorherigen miteinbezieht. Alles Zählen basiert also auf der Analyse einer gegenständlichen Mannigfaltigkeit, die ihrerseits eine gestaltliche Gliederung voraussetzt, aber über diese Analyse zur Synthese fortschreitet zu einer neuen Art von Ganzheit, die nicht mehr unmittelbar anschaulich gegeben ist, sondern erst durch die Operation des Zählens entsteht.

Die sachverhaltsanalytische Zählschwäche zeigt sich bei den Schülern, indem sie entweder statt der Kardinalzahl die Ordinalzahl auffassen und verwenden oder die Zahlenreihe schneller aufsagen, als sie die Gegenstände bezeichnen, so daß die richtige Anzahl nicht gezählt wird.

Neben dieser Zählschwäche gibt es auch die eigentliche *Rechenschwäche,* d. h. eine Schwäche im Vollzug der Rechenoperationen. Sie ist noch häufiger als die Zählschwäche und auf eine allgemeine Defekthaftigkeit der Intelligenz zurückzuführen. (Busemann, S. 543)

Rechenschwache Schüler haben besondere Schwierigkeiten bei der Erarbeitung des Zehnerübergangs und bei der Erarbeitung des Mal- und Teilungsbegriffes (vielleicht durch die Methode bedingt).

Es gibt auch andere psychologische Erklärungen für die Rechenschwäche:

— Gedächtnisschwäche (Ranschburg)
— Leistungsdruck (Metzger)
— Gefährdung der Besitz- und Eigentumsverhältnisse (Dührssen)
— Störungen in der Raumeroberung im frühkindlichen Alter (Bladergroen).

Schließlich ist auch von konsekutiver Rechenschwäche die Rede, also von einem Defekt in der Bildungsschicht, von dem bei Geistesschwachen im allgemeinen auszugehen ist (Schmalohr im Enzyklädischen Handbuch der Sonderpädagogik SB Spalte 2705).

5.4.2.3. Umgang mit Längenmaßen, Hohlmaßen, Gewichten, Zahlungsmitteln und mit der Uhr

Nachdem in der Mittelstufe die Schüler eine Zahlvorstellung und eine gewisse Ziffernkenntnis erfahren und sich mit Mengen und Anzahlen auseinandergesetzt haben, wird der genaue Umgang mit den Maßen in der *Oberstufe* betrieben. Dabei beginnen wir mit den *Längenmaßen.*

Mit dem Zentimetermaß messen wir im Klassenraum zunächst kleinere, dann größere Gegenstände.

Begriffswissen: Meter, Zentimeter; auch verkleinerte Schreibweise: m, cm.
Mit dem Lineal zeichnen wir Linien und messen sie.
Vergleich von Strecken.
Begriffswissen: Millimeter, Schreibweise: mm.
Schätzen von Längen: 1 cm, 5 cm, 10 cm, 20 cm, 30 cm, 50 cm, 1 m, 2 m.
Draußen messen wir mit dem Bandmaß 100 m aus.
Entfernungsschätzen: 10 m, 20 m, 30 m, 40 m, 50 m, 100 m.
Papierstreifen, Pappstreifen, Bänder usw. schneiden, vergleichen und messen.

Ferner sollten die Schüler mit den *Hohlmaßen* vertraut gemacht werden. Im Hauswirtschaftsunterricht werden im allgemeinen nichtmetrische Maße verwendet, wie kleiner Löffel, großer Löffel, Tasse, Messerspitze usw.

Hier sollen die Schüler lernen, mit metrischen Hohlmaßen umzugehen.
Wir füllen Wasser in ein 1/4-l-Gefäß, in ein 1/2-l-Gefäß und in ein 1-l-Gefäß.
Dabei achten wir darauf, daß bis zum Eichstrich eingefüllt wird.
Dann erfahren die Schüler, daß der Inhalt von zwei 1/4-l-Gefäßen genau in ein 1/2-l-Gefäß paßt usw.
Danach benutzen wir den Meßbecher und lassen die angezeigten Mengen einfüllen.
Es werden Flüssigkeitsmengen in Tassen, Kannen und Flaschen gemessen.

Ferner lernen die Schüler die *Gewichtsmaße* kennen.
Auch hier haben die Schüler im Hauswirtschaftsunterricht die nichtmetrischen Maße benutzt, wie sie vorher schon beschrieben worden sind.

Nunmehr lernen die Schüler die Waage kennen.
Mengen werden abgemessen in Gramm, Kilogramm und Pfund. Sie lernen auch die Schreibweise g und kg.
Schätzen von Mengen nach dem Gewicht: 125 g oder ein Viertelpfund, 250 g oder ein halbes Pfund, 500 g oder ein Pfund, 1 kg oder 2 Pfund.
Die Schüler lernen die Küchenwaage abzulesen und zu benutzen.
Die Schüler lernen den Umgang mit der Briefwaage.
Die Schüler wiegen Obst, Brot usw. ab und überlegen, wie groß die Menge für 2 Personen sein muß.

Ferner lernen die Schüler die *Zahlungsmittel* kennen.
Sie unterscheiden Pfennig, Groschen und Mark. Sie lernen das Geld zu wechseln: 10 Pf = 1 Groschen, 5 Groschen = 1 Fünfzigpfennigstück, 10 Groschen = 1 Mark. Die Schüler lernen 2-DM-, 5-DM-Stücke und 10-DM-, 20-DM-, 50-DM-, 100-DM-Scheine kennen, und sie üben fleißig mit Spielgeld das Umwechseln.

Ganz besonders wichtig ist aber, daß die Schüler auch den Geld*wert* kennenlernen. Sie müssen wissen, was man für Pfennige, Groschen und Mark kaufen kann.

Die Schüler lernen auch die Schreibweise der Geldmengen kennen, auch bei gemischten Werten, wie z. B. 2,75 DM. Sie lesen und schreiben derartige Angaben.

Schließlich lernen die Schüler, die *Uhr* abzulesen: Stunde, Minute, Sekunde (siehe Pohl/Vehrigs-Cornehl, Lebenspraktisches Training und lebenspraktische Orientierung, Handbücherei für die Unterrichtsplanung und Unterrichtsgestaltung in der Schule für Geistigbehinderte (Sonderschule), Heft 11, Dortmund 1978, S. 38 ff., Dortmund) finden sich auch Vorschläge für weitere Zeitmaße: Tag, Woche, Jahr.

5.4.2.4. Umgang mit Flächen

Im zweiten Jahr der Mittelstufe haben die Schüler eine gewisse Gewandtheit im Umgang mit Schreibgeräten erfahren. In der Oberstufe sollen sie mit dem Lineal, dem Dreieck und dem Zirkel Striche und Kreise ziehen.

Später geht diese Tätigkeit in das Messen über. Strecken werden gemessen, aber auch gezeichnet. Mit Hilfe von Lineal, Dreieck und Zirkel entwerfen die Schüler Muster. Dabei sollte ihnen vollkommene Freiheit gewährt werden. Zuerst werden die Schüler unharmonische Konfigurationen zeichnen, die aber im Laufe der Zeit mehr und mehr zu gestalteten Darstellungen werden. Gewiß werden einige Schüler dazu kommen, einen Kreis mit dem Zirkel zu schlagen, einen weiteren Kreis so zu schlagen, daß die Zirkelspitze auf dem zuerst gezeichneten Kreis eingesetzt wird. Danach werden weitere Kreise mit der Zirkelspitze auf den Schnittpunkten der Kreise geschlagen. Ohne große Hilfe kommen die Schüler von sich aus dazu, die folgende Konfiguration zu entwerfen.

Unter leichter Anleitung des Lehrers finden sie auch zu dem 6eckigen Stern.

Bei diesen Übungen mit Lineal, Dreieck und Zirkel geht es einmal darum, aus dem spielerischen Umgang mit den Formen, die auch mal bunt bemalt werden können, das Schöpferische in den Schülern zu fördern, zum anderen aber — und dieses Ziel steht hier eigentlich im Vordergrund — sollen die Schüler zu einem sorgfältigen und genauen Arbeiten geführt werden, und zwar als Vorbereitung auf die Werkstufe.

Zur Methodik:	Linie
	parallele Linien
	gekreuzte Linien
	Kreis
	Halbkreis

Dreieck
Viereck — Aufteilen in Dreiecke
Quadrat — Aufteilen in kleine Quadrate, Dreiecke,
   Treppen bilden
Rechteck — Aufteilen in Quadrate, Dreiecke,
   Treppen bilden
verschiedene Dreiecke mit gleicher Grundlinie bilden

Lehrplan — Übersicht

Umgang mit Mengen, Zahlen und Größen

Mittelstufe: 1. Jahr 1. Vierteljahr	Zahlbegriffsbildung im pränumerischen Bereich 1. und 2. Stufe der Mengenbehandlung räumliche Strukturen		
2. Vierteljahr	3. Stufe der Mengenbehandlung Doppelreihe, Paar, Zweier Zeitliche Strukturen		
3. Vierteljahr	4. Stufe der Mengenbehandlung Halbieren, Verdoppeln Einer, Vierer, Dreier		
4. Vierteljahr	4. Stufe der Mengenbehandlung Doppeldreier — Sechser Doppelvierer — Achter Fünfer — Doppelfünfer — Zehner		
Mittelstufe: 2. Jahr 1. Vierteljahr	Siebener, Neuner Aufteilen, Zerlegen, Verteilen Felder gliedern		
2. Vierteljahr	Aufteilen, Zerlegen, Verteilen Felder aufteilen		
3. Vierteljahr	Einführung der Ziffer		Abzählen
4. Vierteljahr	Einführung der Gleichung		Ziffern lesen
Oberstufe: 1. Jahr 1. und 2. Vierteljahr	Erweiterung des Zahlenraumes bis 20	Ziffern lesen	Umgang mit dem Lineal und Zentimetermaß, Freies Zeichnen, Ent- werfen von Mustern
3. und 4. Vierteljahr	Erweiterung des Zahlenraumes bis 100	Ziffern lesen	Umgang mit Gewichten und der Waage
Oberstufe: 2. Jahr	Erweiterung des Zahlenraumes Rechenübungen		Umgang mit der Uhr Umgang mit dem Geld Umgang mit Flächen Messen von Linien und Entfernungen, Messen von Linien, Herstellen von Quadraten, Recht- ecken, Kreisen und Dreiecken

5.5. Kognitive Förderung in der Lebenspraktischen Erziehung und im Bereich der Sprache

Die Erschließung des Lebenskundlichen Bereiches und der Förderung in der Sprache ist immer ein wechselseitiges Geschehen. Der Schüler durchdringt mehr und mehr seine Um- und Mitwelt und erweitert damit auch seine Begriffswelt, und je umfangreicher seine Begriffswelt ist, um so mehr kann er sich seine Mit- und Umwelt erschließen. Dabei muß aber auch gesehen werden, daß es dem Schüler gelingt, sich manche Denkkategorie zu eigen zu machen, ohne sich auch die sprachlichen Mittel ebenso schnell aneignen zu können.

Beispiel: Wenn die Schüler die Lampe einer Taschenlampe und eine Taschenlampenbatterie mit der Aufforderung erhalten, die Lampe zum Glühen zu bringen, gelingt den Oberstufenschülern die Lösung dieser Aufgabe im allgemeinen nach einigen Minuten, aber sehr häufig sind sie nicht in der Lage zu sagen, *wie* sie die Lampe zum Glühen gebracht haben: d. h. die Schüler sind sehr wohl in der Lage, durch Handlungen kausale Beziehungen herzustellen, aber sie sind weitaus weniger fähig, diese Beziehungen auch sprachlich zu bewältigen. Ganz vorsichtig muß versucht werden, daß die Schüler ihre Handlungen auch sprachlich durchdringen können und die Erkenntisse, die sie gewonnen haben, auch in Sprache umzusetzen vermögen.

Im Lebenskundlichen Bereich wird das Beziehungsdenken besonders gefördert, gleichzeitig aber auch die Sprache. Neben den Kausalbeziehungen werden den Schülern vor allem temporale, finale und instrumentale Beziehungen aufgedeckt, aber auch konzessive, konsekutive und konditionale Beziehungen. Der Bereich der Lebenskundlichen Orientierung bildet da ein reichhaltiges, natürliches Feld der kognitiven Erschließung und deren sprachlicher Bewältigung. Einige Beispiele:

Temporale Aussagen (zeitliche Abläufe):
Der Jahreskreis, die Wochentage, der Tagesablauf usw.

Kausale Aussagen (Ursache–Grund–Beziehung):
Die Schüler sollen eine Lampe zum Glühen bringen. Wenn die beiden Polbleche Fuß und Schaft der Lampe berühren, glüht die Lampe auf.

Finale Aussagen (Zweck, Absicht):
Ich ziehe diese Schraube fester an, damit sich der Draht nicht lösen kann.

Konditionale Aussagen (Bedingung):
Wenn ich das Wasser zum Verdampfen bringen will, muß ich es zuerst zum Kochen bringen.

Konsekutive Aussagen (Folge):
Draußen regnet es. Ich ziehe den Mantel an, damit ich nicht naß werde.

Konzessive Aussagen (Gegengrund):
Gerda geht ohne Mantel, obwohl die Lehrerin ihr geraten hat, den Mantel anzuziehen.

Instrumentale Aussagen:
Weil du den Mantel angezogen hast, bist du nicht naß geworden.

6. Zusammenfassung

Die Sinnes- und Verstandeserziehung ist zwar nicht der wichtigste Bestandteil der Erziehung Geistigbehinderter, aber doch ein wesentlicher, denn hier zeigen das Kind und der Schüler gravierende Ausfälle. Diese Erziehung muß sehr früh beginnen, weil die Förderungsmöglichkeiten um so wirksamer sind, je früher sie beginnen.

Die Sinnes- und Verstandeserziehung beginnt in der frühesten Kindheit und zieht sich durch die gesamte Schulzeit. Sie sollte spielerisch durchgeführt werden und dem Kinde und dem Schüler Erfolgserlebnisse vermitteln, damit seine Leistungsbereitschaft und sein Anspruchsniveau gesteigert werden, wie Maria Wasna es im Experiment bewiesen hat.

Wenn die Sinnes- und Verstandeserziehung systematisch und permanent durchgeführt wird, bleibt der Erfolg nicht aus, und mancher Schüler wird zu Leistungen geführt, die man am Anfang kaum vorherzusagen gewagt hätte.

Anlage 1

Definition der Behinderung
Vom Weltgesundheitsamt

Etwa zehn Prozent der Erdbevölkerung sind Behinderte. Die Behinderung sollte deshalb als wichtiges medizinisches, soziales, psychologisches und wirtschaftliches Problem anerkannt werden, dessen Bedeutung in Zukunft noch zunehmen wird.

Gesundheitsbehörden und Ärzte haben bisher den Problemen der Sterblichkeit und akuter Krankheiten mehr Gewicht beigelegt als den weniger „dramatischen" Problemen längerer Schädigung und dauernder Behinderung. Größeres Verständnis der Behinderung, ihrer Ursachen und Folgen und der Möglichkeiten zur Milderung ihrer Auswirkungen ist dringend erforderlich. Krankheitsorientierte Medizin muß durch behinderungsorientierte Medizin ergänzt werden, und in jedem Land sollte man sich bewußt werden, daß die Aufgabe der Medizin nicht nur in der Verhütung und Heilung von Krankheiten besteht, sondern auch in der Erreichung eines Optimums an Wiederbefähigung des Individuums zur Verrichtung normaler sozialer Funktionen.

Im geläufigen Sprachgebrauch werden die Ausdrücke „Schädigung", „Erschwerung", „Behinderung", „Vorbeugung" und „Wiedereingliederung" oft irreführend verwendet. Seit mehreren Jahren ist die Weltgesundheitsorganisation nun bei der Aufstellung einer internationalen Klassifikation der Krankheiten behilflich (ICD-Kode, International Classification of Diseases). Diese befaßt sich aber hauptsächlich mit der Diagnose, nicht dagegen mit dem Resultat von Krankheiten oder mit der Messung von Gesundheitszuständen wie etwa „Behinderung".

In der internationalen Klassifikation der Krankheiten wird angenommen, daß die Entwicklung einer Krankheit einem bestimmten Muster folge, dessen Phasen sich auf die natürliche Krankheitsgeschichte beziehen: ihre Ätiologie (Ursache), Pathologie und ihre Manifestationen (Äußerungen). Aber eine kranke Person erlebt auch Veränderungen in ihrer gewohnten sozialen Rolle. Wenn diese längere Zeit dauern oder ernst genug sind, verspürt der Kranke ein Bedürfnis nach Fürsorge, das sich nicht in erster Linie auf das pathologische Bild der Krankheit bezieht. Deshalb besteht der Bedarf nach einem ergänzenden Muster, um die Veränderungen in der sozialen Rolle zu beschreiben, die aus der Krankheit hervorgehen, das heißt Schädigungen, Leistungsminderungen, Behinderungen.

Es wurden viele Definitionen dieser Begriffe veröffentlicht, aber nicht universell anerkannt. Schwierigkeiten ergeben sich daraus, daß mehrere der gebräuchlichen Begriffe juristische oder administrative Bedeutungen haben, wie etwa die Qualifikation Invalider für den Bezug von Pensionen. Die Definitionen „Schädigung", „Behinderung" usw. beziehen sich fast ausschließlich auf die körperlichen Erscheinungen und vernachlässigen jene Fälle, in denen die Schädigung vor allem psychologisch ist.

Es ist durchaus klar, daß in den nächsten Jahren noch keine Einigung über die Begriffsdefinitionen auf diesem Gebiet erzielt werden wird. Immerhin veröffentlichte die Weltgesundheitsorganisation 1976 folgende gebräuchlichen Definitionen, die sie für ihr *Programm und Methode für die Verhütung von Behinderungen und die Wiedereingliederung* verwendet.

Schädigung
Eine Schädigung ist eine dauernde oder vorübergehende psychologische, physiologische oder anatomische Einfuße und/oder Anomalie. Zum Beispiel: fehlende oder schadhafte Teile, Gewebe oder „Mechanismen" des Körpers, wie ein amputiertes Glied, Lähmung nach Poliomyelitis, Herzinfakt, Gehirnthrombose, Lungeninsuffizienz, Diabetes, Kurzsichtigkeit, Entstellung, geistiges Zurückgebliebensein, Hypertonie, Wahrnehmungsstörungen.

Leistungsminderung
Eine Schädigung kann eine Verminderung der Leistungsfähigkeit verursachen, die in der teilweisen oder gänzlichen Unfähigkeit besteht, jene Tätigkeiten auszuüben, die für motorische oder geistige Funktionen notwendig sind, nach deren Bereich und Art sich die normale Befähigung eines Menschen bestimmt, wie gehen, Gewichte heben, sehen, sprechen, hören, lesen, schreiben, zählen, Interesse an der Umwelt haben und mit ihr in Kontakt treten. Eine Leistungsminderung kann kurze oder lange Zeit dauern, sie kann dauernd oder rückfallend sein. Sie sollte wenn möglich quantitativ bestimmbar sein. Leistungsminderung kann als „progressiv" oder „regressiv" beschrieben werden.

Behinderung
Behinderung, für welche Leistungsminderung und/oder Schädigung verursachende Faktoren sind, wird definiert als eine vorhandene Schwierigkeit, eine oder mehrere Tätigkeiten auszuüben, die in bezug auf das Alter der Person, ihr Geschlecht und ihre soziale Rolle im allgemeinen als wesentliche Grundkomponente der täglichen Lebensführung gelten, wie etwa Sorge für sich selbst, soziale Beziehungen, wirtschaftliche Tätigkeit. Teilweise von der Dauer der Leistungsminderung abhängig, kann die Behinderung kurzfristig, langfristig oder dauernd sein.

Beispiel 1:
Ein 16jähriger Knabe erleidet einen Verkehrsunfall, und ein Bein muß oberhalb des Knies amputiert werden.
Schädigung: Verlust eines Beines
Leistungsminderung: Vermindertes Gehvermögen
Behinderung: Verminderte Arbeitsfähigkeit, verminderte Fähigkeit, ein normales Leben zu führen, gesellige Tätigkeiten (Sport, Tanz) auszuüben und gesellige Beziehungen zu pflegen

Beispiel 2:
Ein 50jähriger Mann, der seit mehreren Jahren an zu hohem Blutdruck leidet, hat einen Hirnschlag mit rechter Halbseitenlähmung und Sprachstörung.
Schädigung: Bluthochdruck, Störung der Gehirnfunktionen
Leistungsminderung: Vermindertes Sprachvermögen, vermindertes Gehvermögen und verminderte Fähigkeit zum Gebrauch der rechten Hand, Müdigkeit infolge geringer körperlicher Widerstandsfähigkeit.
Behinderung: Arbeitsunfähigkeit, teilweise Unfähigkeit, für sich selbst zu sorgen, und reduzierte Fähigkeit zur Pflege von Umweltsbeziehungen

Beispiel 3:
Ein dreijähriges Mädchen trägt von einer Verbrennung schwere Narben im Gesicht und am ganzen linken Arm davon.
Schädigung: Verbrennungsnarben, mißgestaltete Erscheinung
Leistungsminderung: Verminderte Beweglichkeit des Armes, vermindertes Interesse an und verminderter Kontakt mit der Umwelt
Behinderung: Verminderte Fähigkeit zur Teilnahme an Haushaltarbeiten, gestörte soziale Beziehungen (zurückgewiesen von Familie und Gemeinschaft), Verheiratungsaussichten sehr in Frage gestellt

Beispiel 4:
Eine erwachsene verheiratete Frau mit drei Kindern mit einer Krankheitsgeschichte von zwei Jahren Schizophrenie
Schädigung: Gehörhalluzinationen, Mangel an Wollen (d. h. an normalem Schwung und Interesse), Störung des Denkprozesses
Leistungsminderung: Unfähigkeit, die täglichen Arbeiten zu erfüllen und sich dafür zu interessieren, wenig Aufmerksamkeit und geringes Erfassen von Informationen, fehlender Kontakt mit der Wirklichkeit
Behinderung: Unfähigkeit, für die Kinder zu sorgen, Haushaltarbeiten zu verrichten, die persönliche Hygiene und äußere Erscheinung zu pflegen und mit Familienmitgliedern und Freunden in Verbindung zu stehen

Ablaufplan zur Behinderung

Ursachenfaktoren

| Krankheit | Verhalten |
| Umgebung | Soziale Anforderungen |

| Invalidität | Schäden | Behinderung |

Persönliche Folgen
Verminderung von Unabhängigkeit
Beweglichkeit
Freizeitbetätigung
Gesellschaftliche Eingliederung
Wirtschaftliche Unabhängigkeit

Folgen für die Familie
Pflegebedürftigkeit
Gestörte soziale Beziehungen
Wirtschaftliche Belastung

Folgen für die Gesellschaft
Forderung zur Pflege
Produktivitätsverlust
Gestörte Eingliederung in die Gesellschaft

Unesco-Kurier Nr. 1/1981 Hallwag Bern

Anlage 2

Die Rechte des Kindes

(Die Erklärung der Vereinten Nationen vom 20. November 1959)

Da die Völker der Vereinten Nationen in der Charta ihren Glauben an die grundlegenden Menschenrechte und an die Würde und den Wert der menschlichen Person erneut bekräftigt und beschlossen haben, den sozialen Fortschritt und bessere Bedingungen des Lebens in größerer Freiheit zu fördern,

Da die Vereinten Nationen in der Allgemeinen Erklärung der Menschenrechte verkündet haben, daß jeder Mensch Anspruch auf alle in dieser Erklärung enthaltenen Rechte und Freiheiten hat ohne irgendeinen Unterschied, wie etwa der Rasse, der Farbe, des Geschlechts, der Sprache, der Religion, der politischen oder sonstigen Überzeugung, der nationalen oder sozialen Herkunft, des Besitzes, der Geburt oder eines anderes Status,

Da das Kind auf Grund seiner körperlichen und geistigen Unreife der besonderen Sicherung und Sorge bedarf, einschließlich eines eigenen gesetzlichen Schutzes, sowohl vor als nach der Geburt,

Da die Notwendigkeit einer solchen besonderen Sicherung in der Genfer Erklärung über die Rechte des Kindes von 1924 festgestellt und in der Allgemeinen Erklärung der Menschenrechte sowie in den Satzungen der Sonderorganisationen und anderer internationaler Organisationen, die sich dem Wohle der Kinder widmen, anerkannt worden ist,

Da die Menschheit dem Kinde das Beste schuldet, das sie zu geben hat,

verkündet die Generalversammlung folgende Erklärung über die Rechte des Kindes mit dem Ziele, daß es eine glückliche Kindheit haben und zu seinem eigenen Besten wie zum Besten der Gesellschaft die Rechte und Freiheiten genießen möge, die darin festgelegt sind, und ruft auf die Eltern, Männer und Frauen als Einzelpersonen, freiwillige Organisationen, die örtlichen Behörden und nationalen Regierungen, diese Rechte anzuerkennen und sich zu bemühen, ihrer Beobachtung durch gesetzgeberische und andere Maßnahmen in Übereinstimmung mit den folgenden Prinzipien zunehmend Geltung zu verschaffen:

Grundsatz 1. Das Kind soll alle Rechte genießen, die in dieser Erklärung festgesetzt werden. Alle Kinder ohne irgendeine Ausnahme sollen Anspruch auf diese Rechte haben, ohne irgendeinen Unterschied oder Benachteiligung durch Rasse, Hautfarbe, Geschlecht, Sprache, Religion, politische oder sonstige Überzeugung, nationale oder soziale Herkunft, Besitz, Geburt oder einen sonstigen Status sowohl seiner selbst wie seiner Familie.

Grundsatz 2. Das Kind soll besonderen Schutz genießen, und es sollen ihm Gelegenheiten und Erleichterungen gegeben werden durch Gesetz und andere Maßnahmen, die es befähigen, sich körperlich, seelisch, moralisch, geistig und sozial gesund und normal in Freiheit und Würde zu entwickeln. Bei der Verabschiedung von Gesetzen mit diesem Ziele sollen die besten Interessen des Kindes der oberste Gesichtspunkt sein.

Grundsatz 3. Das Kind soll von Geburt an einen Anspruch haben auf einen Namen und eine Staatsangehörigkeit.

Grundsatz 4. Das Kind soll die Wohltaten sozialer Sicherheit genießen. Es soll den Anspruch haben, in Gesundheit zu wachsen und sich zu entfalten; zu diesem Zweck sollen ihm und seiner Mutter besondere Fürsorge und Schutz gewährt werden, einschließlich angemessener Fürsorge vor und nach der Geburt. Das Kind soll das Recht haben auf angemessene Nahrung, Wohnung, Erholung und ärztliche Betreuung.

Grundsatz 5. Das Kind, das körperlich, geistig oder sozial behindert ist, soll die besondere Behandlung, Erziehung und Fürsorge erhalten, die seine Lage erfordern.

Grundsatz 6. Das Kind braucht zur vollen und harmonischen Entwicklung seiner Persönlichkeit Liebe und Verständnis. Wenn immer möglich soll es unter der Obhut und Verantwortung seiner Eltern aufwachsen, immer aber in einer Atmosphäre der Zuneigung und moralischen und materiellen Sicherheit; ein Kind im zarten Alter soll nicht von seiner Mutter getrennt werden, außer in Ausnahmefällen. Die Gesellschaft und die öffentlichen Behörden sollen die Pflicht haben, alleinstehenden und mittellosen Kindern besondere Fürsorge angedeihen zu lassen. Finanzielle staatliche und andere Unterstützung zum Unterhalt der Kinder großer Familien ist wünschenswert.

Grundsatz 7. Das Kind hat Anspruch auf Unterricht, der wenigstens in der Volksschule unentgeltlich und obligatorisch sein soll. Es soll eine Erziehung erhalten, die seine allgemeine Bildung fördern und es auf der Grundlage gleicher Möglichkeiten befähigen soll, seine Anlagen, seine Urteilskraft, sein moralisches Empfinden und sein soziales Verantwortungsgefühl zu entwickeln und ein nützliches Glied der Gesellschaft zu werden.

Das Wohl des Kindes soll der führende Grundsatz derer sein, die für seine Erziehung und Führung verantwortlich sind; diese Verantwortung liegt an erster Stelle bei den Eltern.

Das Kind soll volle Gelegenheit zu Spiel und Erholung haben, die zu denselben Zielen wie die Erziehung gelenkt werden sollten; die Gesellschaft und die öffentlichen Behörden sollen sich bemühen, den Genuß dieses Rechtes zu fördern.

Grundsatz 8. Das Kind soll in allen Umständen zu den ersten gehören, die Schutz und Hilfe erhalten.

Grundsatz 9. Das Kind soll geschützt werden gegen alle Formen von Vernachlässigung, Grausamkeit und Ausnutzung. Es soll in keiner Weise Gegenstand des Handels sein.

Das Kind soll nicht vor Erreichung eines angemessenen Mindestalters zur Erwerbsarbeit zugelassen werden; es soll in keinem Falle veranlaßt werden noch soll es ihm erlaubt werden, einen Beruf oder eine Tätigkeit auszuüben, die seiner Gesundheit oder Erziehung schaden oder seine körperliche, geistige oder moralische Entwicklung stören würden.

Grundsatz 10. Das Kind soll geschützt werden vor allen Handlungen, die rassische, religiöse oder andere Herabsetzungen nähren könnten. Es soll aufgezogen werden im Geiste des Verstehens, der Toleranz und Freundschaft unter den Völkern, des Friedens und weltumspannender Brüderlichkeit und im vollen Bewußtsein, daß seine Kraft und Fähigkeiten dem Dienste an seinen Mitmenschen geweiht sein sollen.

Anlage 3

Die Erklärung der Vereinten Nationen über die Rechte der Behinderten

Die Generalversammlung,
eingedenk dessen, daß sich die Mitgliedstaaten in der Charta der Vereinten Nationen verpflichtet haben, gemeinsam und einzeln mit der Organisation zusammenzuarbeiten, um die Verbesserung des Lebensstandards, die Vollbeschäftigung und die Voraussetzungen für wirtschaftlichen und sozialen Fortschritt und Aufstieg zu fördern,
in Bekräftigung ihres Glaubens an die Menschenrechte und Grundfreiheiten und an die in der Charta verkündeten Grundsätze des Friedens, der Würde und des Werts der menschlichen Persönlichkeit und der sozialen Gerechtigkeit,
unter Hinweis auf die Grundsätze der Allgemeinen Erklärung der Menschenrechte, der Internationalen Menschenrechtspakte, der Erklärung der Rechte des Kindes und der Erklärung über die Rechte geistig Zurückgebliebener sowie auf die bereits in den Satzungen, Übereinkommen, Empfehlungen und Entschließungen der Internationalen Arbeitsorganisation, der Organisation der Vereinten Nationen für Erziehung, Wissenschaft und Kultur, der Weltgesundheitsorganisation, des Kinderhilfswerks der Vereinten Nationen und anderer zuständiger Organisationen aufgestellten Normen für den sozialen Fortschritt,
ferner unter Hinweis auf Resolution 1921 (LVIII) des Wirtschafts- und Sozialrats vom 6. Mai 1975 über die Verhütung von Behinderungen und die Rehabilitation von Behinderten,
unter Hervorhebung der Tatsache, daß in der Erklärung über sozialen Fortschritt und Entwicklung die Notwendigkeit des Schutzes der Rechte und der Sorge für die Betreuung und Rehabilitation der körperlich und geistig Benachteiligten verkündet wurde,
im Hinblick auf die Aufgabe, körperliche und geistige Behinderungen zu verhüten, Behinderten unter Heranziehung der verschiedensten Tätigkeitsbereiche zur Entfaltung ihrer Fähigkeiten zu verhelfen und ihre Eingliederung ins normale Leben soweit wie möglich zu fördern,
in Kenntnis der Tatsache, daß manchen Ländern beim gegenwärtigen Stand ihrer Entwicklung nur beschränkte Anstrengungen in dieser Richtung möglich sind,
verkündet diese Erklärung über die Rechte der Behinderten und ruft dazu auf, durch innerstaatliche und internationale Maßnahmen dafür zu sorgen, daß sie eine gemeinsame Basis und einen gemeinsamen Bezugsrahmen für den Schutz dieser Rechte bildet:

(1) Der Begriff „Behinderter" bezeichnet jede Person, die infolge eines Mangels ihrer körperlichen oder geistigen Fähigkeiten, gleichgültig, ob dieser angeboren ist oder nicht, ganz oder teilweise nicht in der Lage ist, die Anforderungen eines normalen Einzel- und/oder Gemeinschaftslebens selbständig zu erfüllen.
(2) Behinderte genießen alle in dieser Erklärung aufgeführten Rechte. Diese Rechte kommen allen Behinderten zu, ohne jegliche, wie auch immer geartete Ausnahme und ohne Unterschied oder Diskriminierung aufgrund von Rasse, Hautfarbe, Geschlecht, Sprache, Religion, politischer oder sonstiger Überzeugung, nationaler oder sozialer Herkunft, Vermögensstand, Geburt oder sonstiger Umstände, gleichgültig, ob es sich dabei um den Behinderten selbst oder um dessen Familie handelt.

(3) Behinderte haben das angeborene Recht auf Achtung ihrer Menschenwürde. Behinderte haben ungeachtet der Ursache, Art und Schwere ihrer Benachteiligungen und Behinderungen die gleichen Grundrechte wie ihre gleichaltrigen Mitbürger, d. h. zunächst und vor allem das Recht auf ein möglichst normales und erfülltes, menschenwürdiges Leben.
(4) Behinderte haben die gleichen staatsbürgerlichen und politischen Rechte wie andere Menschen: Ziffer (7) der Erklärung über die Rechte geistig Zurückgebliebener gilt für jede mögliche Einschränkung oder Aufhebung dieser Rechte der geistig Behinderten.
(5) Behinderte haben Anspruch auf Maßnahmen, die ihnen helfen, so selbständig wie möglich zu werden.
(6) Behinderte haben Anspruch auf medizinische, psychologische und funktionelle Behandlung einschließlich prothetischer und orthetischer Geräte, auf medizinische und soziale Rehabilitation, Bildung, berufliche Ausbildung und Umschulung, Hilfe, Beratung, Arbeitsvermittlung und andere Dienstleistungen, die ihnen die größtmögliche Entfaltung ihrer Anlagen und Fertigkeiten erlauben und den Prozeß ihrer sozialen Eingliederung oder Wiedereingliederung beschleunigen.
(7) Behinderte haben Anspruch auf wirtschaftliche und soziale Sicherheit und auf einen menschenwürdigen Lebensstandard. Sie haben entsprechend ihren Fähigkeiten Anspruch auf Erlangung und Bewahrung eines Arbeitsplatzes oder auf die Ausübung einer nützlichen, produktiven und bezahlten Beschäftigung sowie auf Aufnahme in eine Gewerkschaft.
(8) Behinderte haben Anspruch darauf, daß ihre besonderen Bedürfnisse auf allen Stufen der wirtschaftlichen und sozialen Planung berücksichtigt werden.
(9) Behinderte haben das Recht, bei ihrer Familie oder bei Pflegeeltern zu wohnen und sich an allen auf ein Ziel gerichteten (kreativen) oder der Erholung gewidmeten (rekreativen) sozialen Tätigkeiten zu beteiligen. Ein Behinderter darf hinsichtlich seines Wohnsitzes nur insoweit unterschiedlich behandelt werden, als sein Zustand dies erfordert oder dies eine Verbesserung für ihn bedeutet. Ist der Aufenthalt eines Behinderten in einer Spezialanstalt unumgänglich, so müssen dort Umwelt und Lebensbedingungen soweit wie möglich den normalen Lebensbedingungen einer gleichaltrigen Person entsprechen.
(10) Behinderte sind vor jeder Ausbeutung sowie vor jeder Regelung oder Behandlung diskriminierender, verletzender oder erniedrigender Art zu schützen.
(11) Behinderte müssen qualifizierte Rechtshilfe in Anspruch nehmen können, falls sich dies für den Schutz ihrer Person und ihres Eigentums als unerläßlich erweist. Wird gegen einen Behinderten gerichtlich vorgegangen, so ist dabei sein körperlicher und geistiger Zustand voll zu berücksichtigen.
(12) In allen die Rechte von Behinderten betreffenden Fragen kann es zweckmäßig sein, Behindertenorganisationen zu konsultieren.
(13) Behinderte, ihre Familien und Gemeinschaften sind mit allen geeigneten Mitteln voll über die in dieser Erklärung stehenden Rechte zu unterrichten.

9. Dezember 1975
30. Generalversammlung
Resolution 344

Anlage 4

Werden die Rechte geistig Behinderter beachtet?

Die Deklaration der Vereinten Nationen

Die Deklaration der Rechte geistig Behinderter, welche am 20. November 1971 durch die Generalversammlung der Vereinten Nationen proklamiert wurde, bedeutet für die Behinderten der ganzen Welt einen wichtigen Schritt vorwärts. Eine der Grundlagen dieser Erklärung war „Die Deklaration der allgemeinen und besonderen Rechte der geistig Behinderten, welche die ILSMH (International League of Societies for the Mentally Handicapped) erarbeitet und angenommen hat. Diese Liga (heute „International League of Societies for Persons with Mental Handicap") ist eine nichtgouvernementale Organisation mit Sitz in Brüssel. Sie wurde 1960 mit dem Ziel gegründet, die Interessen der geistig Behinderten zu wahren, und umfaßt 60 Länder. Eine Arbeit, die in Zusammenarbeit mit der Liga 1974/1975 entstanden ist, zeigt, daß es damals tatsächlich kein Land gab, das die vollen Rechte dieser Deklaration der Vereinten Nationen oder Teile davon für seine geistig Zurückgebliebenen verwirklicht hatte. Darauf hat die Liga einen Ausschuß gebildet, der Material zusammentragen sollte, um den Mitgliedergesellschaften bei der Durchsetzung dieser Rechte in ihren Ländern zu helfen. Als erster Schritt mußte dafür eine sorgfältige Analyse erstellt werden, die ersichtlich machte, in welchem Ausmaß die Rechte bereits verwirklicht worden waren. Auf dieser Doppelseite bringt der UNESCO-Kurier den Wortlaut der Deklaration der Vereinten Nationen mit einer Reihe von Fragen, die von der Arbeitsgruppe der Liga erarbeitet worden sind. Wir hoffen, daß diese Fragen eine vermehrte Beachtung der Bedingungen geistig Behinderter nach sich ziehen und den Lesern helfen festzustellen, wie weit die wichtigsten Rechte in ihrem Lande verwirklicht sind.

Artikel 1: Grundrechte
Der geistig behinderte Mensch hat, soweit es nur irgendwie möglich ist, die gleichen Rechte wie andere Menschen.
1. Hat das geistig behinderte Kind das gleiche Recht zu leben, wird es vor, bei und nach der Geburt mit der gleichen medizinischen Sorgfalt behandelt wie jedes andere Kind?
2. Wird das Grundrecht darauf, Eltern oder Sorgenberechtigte (Pflegeeltern) zu haben, die für Nahrung, Erziehung und rechtliche Vertretung sorgen, im gleichen Maße anerkannt wie für ein nicht behindertes Kind? Kann ein behindertes Kind adoptiert werden?
3. Hat das behinderte Kind das Recht auf Schulbildung für mindestens die gleiche Zahl an Jahren wie ein nicht behindertes Kind?
4. Darf der geistig behinderte Erwachsene wählen, falls ihm oder ihr nicht nach einem speziellen Urteil oder nach einem Gesetz, das für alle Bürger gilt, das Wahlrecht entzogen wird?
5. Erhält der Behinderte durch die Polizei die gleiche Hilfe und den gleichen Schutz wie jeder andere Bürger?
6. Wird der Behinderte über seine Rechte und Pflichten als Bürger belehrt, und zwar in einer Form, die er verstehen kann?

7. Werden Polizeibeamte darüber informiert, wie sich das Verhalten eines Behinderten äußert und wie er zu behandeln ist?
8. Wird ein Behinderter, der eines Vergehens angeklagt ist, so lange für unschuldig angesehen, bis das Gegenteil bewiesen wurde? Wird diese Regelung von der Öffentlichkeit und der Polizei akzeptiert?
9. Wird Gruppen oder auch einzelnen Behinderten die Benutzung öffentlicher Einrichtungen, z. B. von Spielplätzen, Bussen, Restaurants, Schwimmbädern usw., öfter lediglich deshalb verweigert, weil sie „anders" oder vielleicht den anderen Besuchern nicht angenehm sind?
10. Existiert irgendeine Art von „oversight agent", um dafür zu sorgen, daß diese Grundrechte für Behinderte durchgesetzt werden?

Artikel 2: Recht auf Leistungen
(Gesundheit und Ausbildung)
Der geistig behinderte Mensch hat ein Recht auf angemessene medizinische Versorgung und Physiotherapie sowie auf solche Bildung, Training, Rehabilitation und Förderung, die seine Fähigkeiten und sein größtmögliches Potential entwickeln.

1. Gibt es eine Mutter-und-Kind-Betreuung, die alle werdenden Mütter und ihre Kleinkinder erreicht (mit vorgeburtlicher Vorsorge, Mütterberatung und frühzeitigen Maßnahmen für „Risiko-Kinder"), also ausreichende Vorsorgemaßnahmen?
2. Ist die medizinische Betreuung für behinderte Kleinkinder und Kinder genauso gut wie die für die nicht behinderten Kinder?
3. Gibt es dieselbe zahnärztliche Versorgung, Impfregelung, regelmäßige Vorsorgeuntersuchungen für Seh- und Hörbehinderungen und dergleichen für behinderte wie für nicht behinderte Kinder?
Ist die Qualität dieser Vorsorgemaßnahmen in den verschiedenen Kliniken, ärztlichen Praxen und Heimen für behinderte die gleiche wie für nicht behinderte Kinder?
4. Haben Pflegeeltern, die für Behinderte sorgen, für diese die gleiche medizinische Versorgung zu erwarten, die sie für ihre eigenen Familienmitglieder beanspruchen können? Erhalten Pflegeeltern tatsächlich die gleiche Fürsorge und Betreuung?
5. Bekommen Behinderte größere Dosen von Beruhigungsmitteln als andere Kinder, die als nicht behindert gelten? Geschieht dies aus Bequemlichkeit der Betreuer, damit die behinderten Kinder sich ruhiger verhalten?
6. Werden geistig Behinderte, die eine gewöhnliche körperliche Störung oder Krankheit haben, ohne weiteres in einer Klinik aufgenommen, erhalten sie die gleiche Behandlung, Aufmerksamkeit und Zuwendung und wird auf ihre Wünsche entsprechend eingegangen, haben sie das gleiche Recht, Besucher zu empfangen, wie andere, nicht behinderte Menschen, die an der gleichen Krankheit leiden?
7. Werden die Rechte des Behinderten soweit respektiert, daß er dazu ermutigt wird, bei Entscheidungen über seine Behandlung bis zu dem ihm möglichen Verständnis mitzusprechen? Werden ihm Erklärungen über seinen Zustand und die vorgesehenen Behandlungen in einer ihm verständlichen Sprache und Ausdrucksweise gegeben?
Und wenn er diese Erklärungen nicht verstehen kann, werden dann seine Eltern oder sein Vormund voll informiert und über ihre Meinung befragt?

8. Wenn es schulgeldfreie öffentliche Schulen für nicht behinderte Kinder gibt, sind für gleichaltrige behinderte Kinder dann ebenfalls schulgeldfreie Sonderschulangebote vorhanden, und sind diese in ausreichender Zahl, Leistungsfähigkeit, regionaler Verteilung und Erreichbarkeit vorhanden? Falls Eltern Schulgeld für ihre nicht behinderten Kinder zahlen müssen, haben sie dann für die Schulbildung ihres behinderten Kindes mehr zu zahlen? Sind auch für die am schwersten Behinderten, die zu Hause leben müssen, entsprechende schulische Angebote vorhanden?
9. Sind ausreichende Möglichkeiten für die unterschiedlichen pädagogischen Bedürfnisse der einzelnen Kinder und Erwachsenen in der jeweiligen Altersgruppe vorhanden?
Sind diese Sonderprogramme je nach Bedürfnis in den verschiedenen Stadt- und Landbezirken gleich gut verkehrstechnisch zu erreichen?
10. Sind die schulischen Angebote für Kinder, die in Heimen leben, mindestens genauso gut und geeignet wie für die Kinder, die zu Hause leben? Und umgekehrt?
11. Ist das Ausbildungsprogramm darauf ausgerichtet, für Behinderte soweit als möglich soziale Unabhängigkeit zu erreichen? Bestehen Ausbildungsprogramme, die darauf ausgerichtet sind, Behinderte auf einen Arbeitsplatz in der freien Wirtschaft hinzuführen?
12. Ist die Tatsache, eine Sonderschule besucht zu haben, ein Nachteil, und wird bei der Einstellung auf einen Arbeitsplatz die tatsächliche Fähigkeit, die jeweils angebotene Arbeit durchzuführen, beurteilt? Unabhängig davon, ob vorher ein Sonderschulbesuch stattgefunden hat oder nicht?
13. Gibt es Fortbildungsprogramme für Lehrer, Therapeuten, Berater und Ärzte, um sie dafür auszurüsten, daß sie die besonderen Anforderungen in der Arbeit für Behinderte in Gegenwart und Zukunft besser erfüllen können?

Artikel 3: Beschäftigung und finanzielle Sicherung
Der geistig behinderte Mensch hat ein Recht auf wirtschaftliche Sicherstellung und einen angemessenen Lebensstandard. Er hat ein Recht auf produktive Arbeit oder eine entsprechende, sinnvolle Beschäftigung, die seinen Fähigkeiten soweit als möglich entspricht.
1. Gibt es Grenzen (Gesetze, Einstellungen), die einen geistig Behinderten daran hindern, eine Arbeit, die er durchaus ausführen könnte, auch anzunehmen?
2. Gibt es für ihn andere Richtlinien als für nicht behinderte Personen? Erhält er gleichen Lohn für gleiche Leistung?
3. Erhalten Heimbewohner, die regelmäßig Arbeiten übernehmen, die zu den laufenden Aufgaben im Heim gehören (Hausmeisterdienste, Küchendienste usw.) und die über das hinausgehen, was sie in ihrem eigenen Haushalt tun müßten, einen entsprechenden Lohn?
Dürfen sie wenigstens einen Teil ihres Verdienstes für ihren persönlichen Bedarf behalten? Oder müssen sie alles abgeben, um zu den Kosten für Nahrung und Unterbringung im Heim beizutragen?
4. Gibt es eine soziale Sicherung, Rente o. ä. für einen behinderten Erwachsenen, der unfähig ist, wenigstens das Existenzminimum, das für einen anderen Arbeiter vorausgesetzt wird, zu verdienen?
Wenn das nicht so ist, steht dem Behinderten dann ein Einkommen aus öffentlichen Mitteln rechtmäßig zu?

5. Gibt es eine Sozialversicherung oder andere Beihilfemaßnahmen, die die zusätzlichen Lebenshaltungskosten, die durch eine Behinderung bedingt sind, trägt?
6. Gibt es Familienunterstützung (Pflegegeld, Hilfe zum Lebensunterhalt) oder Invalidenrente, die Eltern oder auch Pflegeeltern, die ihr Kind zu Hause haben, beanspruchen können, damit die Extrakosten, die ein behindertes Kind — im Gegensatz zu einem nicht behinderten Kind — verursacht, gedeckt sind? Sind solche Hilfen auch für behinderte Erwachsene vorgesehen?
7. Gibt es ausreichende Gesundheitsfürsorge (gesetzliche Krankenversicherung), die Klinikaufenthalte, Arztkosten, Behandlungen usw. übernimmt und die für die Behinderten in einer Form zugänglich ist, die ihnen nicht größere Kosten verursacht als den Nichtbehinderten?
8. Gibt es für sie Arbeitslosenversicherung (oder andere Möglichkeiten gegen Arbeitslosigkeit)? Hat der geistig behinderte Arbeiter die gleichen Rechte wie jeder andere Arbeiter?
9. Wenn es Gesetze gibt, die verlangen, daß behinderte Personen bevorzugt eingestellt werden müssen, werden dann geistig Behinderte genauso behandelt wie Körperbehinderte?
10. Falls ein behinderter Erwachsener eine zusätzliche Ausbildung (beruflich oder in Form einer anderen Erwachsenenbildung) benötigt, ist das für ihn auf mindestens die gleiche Weise möglich wie für andere Bürger?

Artikel 4: Familien- und Gemeinschaftsleben
Wo immer dies möglich ist, sollte der geistig behinderte Mensch mit seiner eigenen Familie oder mit einer Pflegefamilie leben und an den verschiedenen Formen des gemeinschaftlichen Lebens Anteil nehmen. Die Familie, mit der er lebt, soll dafür Unterstützung erhalten. Wenn Betreuung in einer Einrichtung notwendig wird, dann soll dies in einer Umgebung und unter Verhältnissen erfolgen, die denen des normalen Lebens so nahe als möglich sind.

1. Ermutigen Ärzte, Lehrer und andere Fachleute, die die Familie beraten, diese dazu, ihr Kind bei sich zu behalten? Wird der Familie praktische Hilfe zuteil, damit sie die Aufgaben auch bewältigen kann?
2. Werden Eltern und Pflegeeltern als diejenigen angesehen, die in erster Linie Verantwortung für Pflege, Ernährung und Erziehung ihres behinderten Kindes haben, genauso wie sie diese für nicht behinderte Kinder tragen?
3. Geben Fachleute das Ergebnis ihrer Untersuchungen über den Zustand des Kindes und seiner möglichen Fähigkeiten an die Eltern und Pflegeeltern weiter? Helfen sie ihnen dabei, die Entwicklung des Kindes zu fördern, um das Bestmögliche zu erreichen?
4. Sind allgemeine Erholungs- und Freizeiteinrichtungen Behinderten zugänglich? Gibt es Bemühungen, um besondere Programme (z. B. Schwimmstunden) bereitzustellen? Sind derartige Maßnahmen auch für geistig Behinderte mit Körperbehinderung zugänglich (frei von „architektonischen Schranken")? Sind Kirchen und religiöse Organisationen offen und aufnahmebereit für Behinderte? Wie ist die Einstellung der Umwelt zu Menschen die „anders" sind?
5. Sind die Lebensbedingungen in Wohnstätten/Wohnheimen/Internaten, in denen Behinderte wohnen, die nicht im Haushalt ihrer Familie oder Pflegefamilie leben können, den Formen des Familienlebens angepaßt? Liegen sie in Wohngebieten?

Ermutigen die in den Heimen bestehenden Lebensformen den behinderten Bewohner dazu, persönlich so unabhängig wie möglich zu werden, und kann er selbständig seine Beschäftigungen, Freunde, persönlichen Gebrauchsgegenstände, seine Kleidung usw. auswählen?
Hat der einzelne die Wahl zwischen verschiedenen Möglichkeiten? Schließt das auch ein, daß er z. B. ein Einzelzimmer wählen kann oder aber bestimmen darf, mit wem er zusammen wohnen will? Hat sein Vormund oder Pfleger die Gelegenheit, für ihn zu entscheiden?
6. Wohnen in den Wohnstätten Personen beiderlei Geschlechts? Liegen die Wohnstätten verkehrsgünstig? Sind die Bedingungen derart, daß sie den behinderten Bewohner dazu auffordern, am Gemeinschaftsleben teilzunehmen und sich auf eine je nach Grad seiner Behinderung möglichst „normale" Art und Weise daran zu beteiligen?
7. Sind die Wohnheime so in den verschiedenen Wohngebieten verteilt, daß es nicht zu einer starken Konzentration in einem Gebiet kommt? Haben alle Bewohner die Möglichkeit zu zwanglosen Begegnungen mit Nachbarn und anderen Menschen ihrer Altersgruppe und Interessenlage?
8. Werden die Familien der Bewohner aktiv ermutigt, den Behinderten, der nicht zu Hause lebt, häufig und zwanglos zu besuchen? Kann er selbst mit darüber entscheiden, wann und wie er seine Familie besucht?
9. Werden Schritte unternommen, um das Vorurteil und die Diskriminierung durch Nachbarn gegenüber Behinderten, die in Wohnungen, Wohnheimen o. ä. in der Gemeinde wohnen und dort einziehen, auf ein Minimum zu beschränken?
10. Sind Hindernisse baulicher Art („Architekturschranken") so gering wie möglich, damit körperbehinderte Personen keine Schwierigkeiten haben?
11. Werden geeignete Tagesbeschäftigungen außerhalb des Heimes für diejenigen Personen angeboten, deren Behinderung eine reguläre Berufstätigkeit nicht zuläßt?

Artikel 5: Vormundschaft

Der geistig behinderte Mensch hat ein Recht auf einen qualifizierten Vormund, wenn sein persönliches Wohlergehen und seine Interessen das erforderlich machen.
1. Gibt es ein festgelegtes Verfahren, um zu bestimmen, ob ein Behinderter so geschädigt ist, daß er einen Vormund bzw. einen Pfleger braucht, und sieht ein solches Verfahren vor:
1.1 daß vor einem Beschluß Beweise, die das Für und Wider darlegen, behandelt werden;
1.2 rechtliche Vertretung des Behinderten;
1.3 angemessene fachliche Begutachtung seiner speziellen Möglichkeiten und Ausfälle, die darlegt, wieweit er dazu in der Lage ist, richtige und sachgerechte Entscheidungen für sich selbst zu treffen, wobei er seine eigenen Interessen und bestehende Vorlieben zu berücksichtigen vermag?
2. Ist das Verfahren, in dem ein geistig Behinderter unter Pflegschaft oder Vormundschaft gestellt wird, kostspielig, oder ist es für ihn oder seine Familie kostenfrei?
3. Wird bei einem geistig Behinderten seine Geschäftsunfähigkeit bereits als bestehend vorausgesetzt, wenn er das Volljährigkeitsalter erreicht? Wird er von seinen Eltern und anderen Personen bereits schon dann wie ein unmündiges Kind behandelt, wenn dieses durch objektive Bestätigung noch nicht festgeschrieben wurde?

4. Was geschieht mit einem geistig Behinderten, der verwaist ist oder keine Familie mehr hat oder der von seiner Familie verlassen wurde? Sind aktive Interventionen in dieser Lage gesichert? Sind Alternativen zu einer Heimeinweisung vorhanden?
5. Gibt es Personen, die geeignet sind, um als Vormund für Behinderte dann tätig zu werden, wenn sich kein geeigneter Verwandter oder Freund anbietet?
6. Gibt es gesetzlich dazu ermächtigte, öffentliche oder private, Dienststellen, die im Interesse eines geistig Behinderten dann eingreifen können, wenn seine Gesundheit oder sein Vermögen bedroht sind?
7. Gibt es spezielle Vormundschaftsgesellschaften (Vereinsvormundschaften) für geistig Behinderte, die unabhängig sind von den Stellen, die Pflege und Erziehung vermitteln? Gibt es vorsorgliche Maßnahmen, die notfalls die Stellung eines Vormundes oder Pflegers absichern?
8. Gibt es noch andere Formen von öffentlichen oder privaten Vertretungen für geistig Behinderte, außer oder anstelle von Vormundschaften? Gibt es ehrenamtliche Helfer, die sich als Vormunde oder als „Bürger-Anwälte" einsetzen? Gibt es den im nordamerikanischen Bereich vergleichbaren „citizen advocate"?
9. Gibt es einen Beamten, der als Vormund handeln kann, wenn eine dringende Notlage eintritt oder wenn ein anderer Vormund nicht zu erreichen ist?
10. Dürfen die Leiter der Heime für geistig Behinderte oder das Pflegepersonal als Vormund für die Heiminsassen (Patienten) bestimmt werden?
11. Gibt es gesetzliche Bestimmungen, die feststellen, ob die Person, die mit der Vormundschaft für einen geistig Behinderten betraut worden ist, dessen persönliche Bedürfnisse nicht vernachlässigt oder sein Vermögen schlecht verwaltet? Gibt es Formen der Überwachung, die sich speziell um geistig Behinderte, die unter Vormundschaft gestellt worden sind, kümmern? Gibt es von Zeit zu Zeit Nachprüfungen?
12. Gibt es die Möglichkeit, getrennte Vormundschaften für die Person und für das Vermögen einzusetzen?
13. Gibt es gesetzliche Verordnungen für „begrenzte Vormundschaft" (Pflegschaft), z. B. eine Bestimmung, die die Entscheidungsgewalt des Vormundes in der Weise beschränkt, daß sie nur in besonders gelagerten Einzelfällen notwendig wird?
14. Hat ein schwerbehinderter Mensch, der noch einige Fähigkeiten besitzt, um irgendeine Entscheidung zu treffen, die Möglichkeit, dies auch zu tun?

Artikel 6 (1. Teil):
Schutz vor Mißbrauch und Vernachlässigung
Der geistig behinderte Mensch hat ein Recht auf Schutz vor Ausnützung, Mißachtung und entwürdigender Behandlung.

1. Gelten die üblichen Vorsorgemaßnahmen für ausgesetzte, verlassene oder verwaiste Kinder auch für geistig behinderte Kinder?
2. Sind Schwestern, Ärzte und Fürsorger gleichermaßen bereit, die Vernachlässigung, den Mißbrauch oder die Unterernährung auch dann anzuzeigen, wenn es sich um behinderte und nicht um „normale" Kinder handelt?
3. Sind die von Amts wegen eingesetzten Fürsorger darin unterwiesen worden, wie mit Behinderten umzugehen ist, und wissen sie, wie sie diese zu behandeln haben?
4. Werden geistig behinderte Kinder oder Erwachsene in besonderem Maße den Besuchern von Politikern, Journalisten oder Fachleuten ausgesetzt? Geschieht dieses unter Umständen, die in öffentlichen Schulen oder Kliniken als unzumutbar betrachtet würden?

5. Werden den behinderten Schülern die schlechtesten Klassenzimmer/Gebäude gegeben, und werden sie in der Regel in Häusern untergebracht, welche von „Normalen" längst verlassen sind?
6. Wird eine „Abstempelung" benutzt, die anderen Zwecken dient als denen einer konstruktiven Diagnose oder speziellen wissenschaftlichen Programmen oder wissenschaftlicher Forschung?
7. Gibt es Formen der Unterbringung und Behandlung, in denen die Bedingungen für geistig Behinderte ausgesprochen demütigend sind.
Zum Beispiel durch das Anbringen von Fenstergittern oder dadurch, daß von einem geistig Behinderten verlangt wird, daß er sich Fremden gegenüber in halb bekleidetem oder nacktem Zustand zeigt?
8. Werden Reporter oder Schauspieler zurechtgewiesen, wenn sie sich auf Kosten geistig Behinderter lustig machen oder in beleidigender Weise von ihnen sprechen oder wenn sie die für geistig Behinderte typischen Ausdrucksformen benutzen, um sich daraus einen Jux zu machen?

Artikel 6 (2. Teil):
Kriminelle Verantwortlichkeit und Verfahren

... Wenn er eines Vergehens beschuldigt wird, hat er das Recht auf eine faire Untersuchung vor Gericht unter voller Berücksichtigung seiner Behinderung im Hinblick auf seine Verantwortung.

1. Werden einem geistig Behinderten dieselben gesetzlichen Sicherheiten zugebilligt wie jedem anderen Bürger, der eines Vergehens angeklagt worden ist?
2. Gibt es für jemanden, der als geistig behindert erkannt ist und der unfähig ist, polizeiliche oder juristische Untersuchungen zu verstehen, ausreichenden Beistand, damit seine Rechte gewährleistet bleiben?
3. Erhält die Polizei irgendeine Schulung und Anleitung, um geistig Behinderte, die eines Vergehens verdächtig sind, als geistig behindert zu erkennen und um sie dann in der polizeilichen Untersuchung angemessen zu behandeln?
4. Haben geistig Behinderte das Recht auf die Anwesenheit eines Rechtsanwaltes, Verwandten oder Freundes, der sie während einer polizeilichen Ermittlung berät? Haben sie (oder ihr Vormund oder ihre Eltern) Gelegenheit, um sich ihren Rechtsbeistand selber zu wählen?
5. Hat ein geistig Behinderter ein Recht auf den Beistand eines Anwaltes, und kann er dieses Recht zu jedem Zeitpunkt einer Kriminaluntersuchung ausüben?
6. Hat eine Person, die als geistig behindert gilt, im Verlauf einer Anklage das Recht auf eine Diagnose und Begutachtung ihrer sozialen Einsichtsfähigkeit durch anerkannte Experten?
7. Schließt diese Begutachtung die Entscheidung darüber ein, ob der geistig Behinderte verhandlungsfähig ist (d. h. ob er geistig in der Lage ist, den Verhandlungen zu folgen, sie zu verstehen und seinem Anwalt bei seiner Verteidigung zu helfen)?
8. Sofern er für nicht verhandlungsfähig erklärt wird, hat der geistig Behinderte dann ein Recht darauf, daß sein Fall in angemessener und schneller Frist verhandelt wird oder daß die Anklagen gegen ihn zurückgezogen werden?
9. Falls der Behinderte (eines Vergehens angeklagt, aber für nicht verhandlungsfähig erklärt) den zivilrechtlichen Behörden aufgrund seiner angeblichen Gefährlichkeit übergeben wird, hat er dann ein Recht auf angemessenen Rechtsbeistand, und zwar

im gleichen Ausmaß wie andere, als „gefährlich" betrachtete Personen, die nicht eines Vergehens angeklagt und überführt worden sind?
10. Hat der geistig Behinderte bei einem Gerichtsverfahren das Recht auf Verteidigung wegen „verminderter geistiger Zurechnungsfähigkeit" oder einer ähnlichen Verteidigung, um die Bestrafung zu mildern oder ganz auszusetzen, weil ihm die Einsicht in die Strafbarkeit der von ihm begangenen Handlung fehlte?
11. Falls er eines Vergehens überführt oder auf andere Weise in Haft geraten ist, hat der geistig Behinderte dann das Recht auf Behandlung in der am wenigsten restriktiven Umgebung, die seinen Bedürfnissen, seinem Verantwortungsgrad und der öffentlichen Sicherheit angepaßt ist?
12. Hat er — falls er in Haft ist — das Recht auf eine automatische periodische Überprüfung und das Recht, an unabhängige, höhere Instanzen zu appellieren?

Artikel 7: Verfahren, wenn Rechte notwendigerweise beschränkt werden
Wenn ein geistig behinderter Mensch aufgrund der Schwere seiner Behinderung außerstande ist, alle seine Rechte in sinnvoller Weise auszuschöpfen, oder sollte es notwendig werden, einige oder alle dieser Rechte einzuschränken oder abzuerkennen, muß der Vorgang dieser Einschränkung oder Aberkennung der Rechte angemessene gesetzliche Sicherstellungen gegen jede Form des Mißbrauchs aufweisen. Dieser Vorgang muß auf einer Begutachtung der sozialen Fähigkeiten des geistig behinderten Menschen durch qualifizierte Experten beruhen und muß einer regelmäßigen Überprüfung sowie dem Recht auf Berufung bei höheren Instanzen unterliegen.
1. Werden, ehe Verfahren zur Aberkennung oder Beschränkung der Rechte eingeleitet werden, andere, weniger oder nicht derart restriktive Maßnahmen voll ausgeschöpft? Erhält der Behinderte juristischen Rat, bekommt er ausreichende Unterstützung für seine sozialen und seelischen Probleme, damit er die Folgen eigener Entschließungen oder Handlungen besser verstehen und beurteilen kann?
2. Wird, ehe eine Beschränkung der Rechte erwogen wird, ein Gutachten über seine sozialen Verhaltensweisen eingeholt, und wird darin besonders auf seine Fähigkeit eingegangen, ob er das in Frage kommende Recht überhaupt auszuüben vermag? Wird dabei berücksichtigt, daß auch viele nicht behinderte Bürger Entscheidungen treffen müssen, die ein Risiko für sie enthalten und die daher nicht immer Abweichungen von der Rechtsnorm ausschließen? Falls Rechte eingeschränkt werden müssen, wird dann im Gutachten über die Notwendigkeit einer derartigen Beschränkung eine sorgfältige Untersuchung der spezifischen Fähigkeiten des Behinderten ausgewiesen, und wird dabei von Experten die Feststellung der sozialen Kompetenz geistig Behinderter vorgenommen? Ist dieses Gutachten interdisziplinär?
3. Wenn eine Person für unfähig befunden wird, gewisse Rechte auszuüben, wird diese Entscheidung dann wesentlich als Schutz verstanden, und ist die Beschränkung deshalb notwendig, damit der Behinderte — oder andere — vor Schaden bewahrt bleiben?
4. Läßt eine Beschränkung, die sich nur auf solche Bereiche bezieht, in denen der geistig Behinderte als unfähig gilt, sie auszuüben (z. B. bei der Verwaltung seines eigenen Vermögens), ihm dennoch jene Rechte, die er durchaus auszuüben vermag?
5. Falls Rechte aberkannt worden sind, wird dieses dann so gehandhabt, daß es mit dem geringsten Grad von Zwang seinen Zweck erfüllt? (z. B. begrenzte Vormund-

schaft statt voller Vormundschaft, Aufsicht statt Einweisung, Pflege auf einer Gemeindebasis statt in einer Anstalt usw.)?

6. Werden der Behinderte, seine Familie oder andere interessierte Personen vorher von allen ernsteren restriktiven Vorgängen unterrichtet?

7. Haben der Behinderte, seine Familie oder seine Freunde ein Anrecht auf einen Rechtsbeistand, der für den Behinderten in diesem Verfahren handeln kann?

8. Hat der Behinderte Zugang zu einem qualifizierten Beistand (Rechtsanwalt, Notar), dessen Interessen nicht mit seinen eigenen kollidieren?

9. Gibt es die Möglichkeit, eine nochmalige Überprüfung oder unabhängige Revision für jede Form der Beschränkung der Rechte zu fordern, und zwar entweder zur Zeit ihrer Feststellung oder später, je nach dem Grad und der Dauer der Einschränkung? Gibt es eine automatische periodische Revision?

10. Finden, wenn es sich um Grundrechte handelt, juristische Verhandlungen statt?

11. Hat der geistig Behinderte oder sein Vertreter das Recht, dem Gericht Informationen zu unterbreiten, vor ihm zu erscheinen und gegen Informationen anderer Einwände zu erheben?

12. Wird der Behinderte oder sein Vertreter von seinem Recht auf Berufung informiert, und wird ihm Beistand — gesetzlich oder in anderer Form — gewährt, um dieses Recht auch auszuüben?

13. Hat der Behinderte (oder sein natürlicher Anwalt, z. B. Verwandter, Vormund) das Recht, den Rechtsanwalt oder andere Personen, die ihm in solchen Verhandlungen beistehen sollen, frei zu wählen?

Kongreßbericht, 7. Weltkongreß der ILSMH über geistige Behinderung. Herausgeber: Lebenshilfe für Behinderte, Österreichischer Dachverband. ©1978 ILSMH.

Anlage 5

Das Grundgesetz für die Bundesrepublik Deutschland

I. Die Grundrechte

Art. 1 (Menschenwürde und Menschenrechte)
(1) Die Würde des Menschen ist unantastbar. Sie zu achten und zu schützen ist Verpflichtung aller staatlicher Gewalt.
(2) Das deutsche Volk bekennt sich darum zu unverletzlichen und unveräußerlichen Menschenrechten als Grundlage jeder menschlichen Gemeinschaft, des Friedens und der Gerechtigkeit in der Welt.
(3) Die nachfolgenden Grundrechte binden Gesetzgebung, vollziehende Gewalt und Rechtsprechung als unmittelbar geltendes Recht.

Art. 2 (Persönlichkeitsrechte)
(1) Jeder hat das Recht auf die freie Entfaltung seiner Persönlichkeit, soweit er nicht die Rechte anderer verletzt und nicht gegen die verfassungsmäßige Ordnung oder das Sittengesetz verstößt.
(2) Jeder hat das Recht auf Leben und körperliche Unversehrtheit. Die Freiheit der Person ist unverletzlich. In diese Rechte darf nur auf Grund eines Gesetzes eingegriffen werden.

Art. 3 (Gleichheitsgrundsatz, Gleichberechtigung)
(1) Alle Menschen sind vor dem Gesetz gleich.
(2) Männer und Frauen sind gleichberechtigt.
(3) Niemand darf wegen seines Geschlechtes, seiner Abstammung, seiner Rasse, seiner Sprache, seiner Heimat und Herkunft, seines Glaubens, seiner religiösen oder politischen Anschauungen benachteiligt oder bevorzugt werden.

Art. 4 (Glaubens- und Gewissensfreiheit, Kriegsdienstverweigerung)
(1) Die Freiheit des Glaubens, des Gewissens und die Freiheit des religiösen und weltanschaulichen Bekenntnisses sind unverletzlich.
(2) Die ungestörte Religionsausübung wird gewährleistet.
(3) Niemand darf gegen sein Gewissen zum Kriegsdienst mit der Waffe gezwungen werden. Das Nähere regelt ein Bundesgesetz.

Art. 6 (Ehe und Familie, nichteheliche Kinder)
(1) Ehe und Familie stehen unter dem besonderen Schutze der staatlichen Ordnung.
(2) Pflege und Erziehung der Kinder sind das natürliche Recht der Eltern und die zuvörderst ihnen obliegende Pflicht. Über ihre Betätigung wacht die staatliche Gemeinschaft.
(3) Gegen den Willen der Erziehungsberechtigten dürfen Kinder nur auf Grund eines Gesetzes von der Familie getrennt werden, wenn die Erziehungsberechtigten versagen oder wenn die Kinder aus anderen Gründen zu verwahrlosen drohen.
(4) Jede Mutter hat Anspruch auf den Schutz und die Fürsorge der Gemeinschaft.
(5) Den unehelichen Kindern sind durch die Gesetzgebung die gleichen Bedingungen für ihre leibliche und seelische Entwicklung und ihre Stellung in der Gesellschaft zu schaffen wie den ehelichen Kindern.

Art. 7 (Schulwesen)

(1) Das gesamte Schulwesen steht unter der Aufsicht des Staates.

(2) Die Erziehungsberechtigten haben das Recht, über die Teilnahme des Kindes am Religionsunterricht zu bestimmen.

(3) Der Religionsunterricht ist in den öffentlichen Schulen mit Ausnahme der bekenntnisfreien Schulen ordentliches Lehrfach. Unbeschadet des staatlichen Aufsichtsrechtes wird der Religionsunterricht in Übereinstimmung mit den Grundsätzen der Religionsgemeinschaften erteilt. Kein Lehrer darf gegen seinen Willen verpflichtet werden, Religionsunterricht zu erteilen.

(4) Das Recht zur Errichtung von privaten Schulen wird gewährleistet. Private Schulen als Ersatz für öffentliche Schulen bedürfen der Genehmigung des Staates und unterstehen den Landesgesetzen. Die Genehmigung ist zu erteilen, wenn die privaten Schulen in ihren Lehrzielen und Einrichtungen sowie in der wissenschaftlichen Ausbildung ihrer Lehrkräfte nicht hinter den öffentlichen Schulen zurückstehen und eine Sonderung der Schüler nach den Besitzverhältnissen der Eltern nicht gefördert wird. Die Genehmigung ist zu versagen, wenn die wirtschaftliche und rechtliche Stellung der Lehrkräfte nicht genügend gesichert ist.

(5) Eine private Volksschule ist nur zuzulassen, wenn die Unterrichtsverwaltung ein besonderes pädagogisches Interesse anerkennt oder, auf Antrag von Erziehungsberechtigten, wenn sie als Gemeinschaftsschule, als Bekenntnis- oder Weltanschauungsschule errichtet werden soll und eine öffentliche Volksschule dieser Art in der Gemeinde nicht besteht.

(6) Vorschulen bleiben aufgehoben.

Art. 12 (Freiheit der Berufswahl)

(1) Alle Deutschen haben das Recht, Beruf, Arbeitsplatz und Ausbildungsstätte frei zu wählen. Die Berufsausübung kann durch Gesetz oder auf Grund eines Gesetzes geregelt werden.

(2) Niemand darf zu einer bestimmten Arbeit gezwungen werden, außer im Rahmen einer herkömmlichen allgemeinen, für alle gleichen öffentlichen Dienstleistungspflicht.

(3) Zwangsarbeit ist nur bei einer gerichtlich angeordneten Freiheitsentziehung zulässig.

Anlage 6

Verfassung für das Land Nordrhein-Westfalen

Zweiter Teil. Von den Grundrechten und der Ordnung des Gemeinschaftslebens

Erster Abschnitt. Von den Grundrechten

Art. 4 (Grundrechte)
(1) Die im Grundgesetz für die Bundesrepublik Deutschland in der Fassung vom 23. Mai 1949 festgelegten Grundrechte und staatsbürgerlichen Rechte sind Bestandteil dieser Verfassung und unmittelbar geltendes Landesrecht.
(2) Jeder hat Anspruch auf Schutz seiner personenbezogenen Daten. Eingriffe sind nur in überwiegendem Interesse der Allgemeinheit auf Grund eines Gesetzes zulässig.

Zweiter Abschnitt. Die Familie

Art. 5 (Schutz der Familie)
(1) Ehe und Familie werden als die Grundlagen der menschlichen Gesellschaft anerkannt. Sie stehen unter dem besonderen Schutz des Landes. Die Mutterschaft und die kinderreiche Familie haben Anspruch auf besondere Fürsorge.
(2) Die der Familie gewidmete Hausarbeit der Frau wird der Berufsarbeit gleichgeachtet.

Art. 6 (Pflege und Förderung der Jugend)
(1) Der Jugend ist die umfassende Möglichkeit zur Berufsausbildung und Berufsausübung zu sichern. Begabte Jugendliche sind besonders zu fördern.
(2) Die Jugend ist vor Ausbeutung, Mißbrauch und sittlicher Gefährdung zu schützen.
(3) Das Mitwirkungsrecht der Kirchen und Religionsgemeinschaften sowie der Verbände der freien Wohlfahrtspflege in den Angelegenheiten der Familienpflege und der Jugendfürsorge bleibt gewährleistet und ist zu fördern.

Dritter Abschnitt.
Schule, Kunst und Wissenschaft, Religion und Religionsgemeinschaften

Art. 7 (Grundsätze der Erziehung).
(1) Ehrfurcht vor Gott, Achtung vor der Würde des Menschen und Bereitschaft zum sozialen Handeln zu wecken, ist vornehmstes Ziel der Erziehung.
(2) Die Jugend soll erzogen werden im Geiste der Menschlichkeit, der Demokratie und der Freiheit, zur Duldsamkeit und zur Achtung vor der Überzeugung des anderen, in Liebe zu Volk und Heimat, zur Völkergemeinschaft und Friedensgesinnung.

Art. 8 (Elternrecht und Schulpflicht)
(1) Jedes Kind hat Anspruch auf Erziehung und Bildung. Das natürliche Recht der Eltern, die Erziehung und Bildung ihrer Kinder zu bestimmen, bildet die Grundlage des Erziehungs- und Schulwesens.
Die staatliche Gemeinschaft hat Sorge zu tragen, daß das Schulwesen den kulturellen und sozialen Bedürfnissen des Landes entspricht.

(2) Es besteht allgemeine Schulpflicht; ihrer Erfüllung dienen grundsätzlich die Volksschule und die Berufsschule.
(3) Land und Gemeinden haben die Pflicht, Schulen zu errichten und zu fördern. Das gesamte Schulwesen steht unter der Aufsicht des Landes. Die Schulaufsicht wird durch hauptamtlich tätige, fachlich vorgebildete Beamte ausgeübt.
(4) Für die Privatschulen gelten die Bestimmungen des Artikels 7 Abs. 4 und 5 des Grundgesetzes der Bundesrepublik Deutschland vom 23. Mai 1949 zugleich als Bestandteil dieser Verfassung. Die hiernach genehmigten Privatschulen haben die gleichen Berechtigungen wie die entsprechenden öffentlichen Schulen. Sie haben Anspruch auf die zur Durchführung ihrer Aufgaben und zur Erfüllung ihrer Pflichten erforderlichen öffentlichen Zuschüsse.

Art. 9 (Schulgeldfreiheit)
(1) Der Unterricht in den Volks- und Berufsschulen ist unentgeltlich.
(2) Einführung und Durchführung der Schulgeldfreiheit für die weiterführenden Schulen sowie der Lehr- und Lernmittelfreiheit für alle Schulen sind gesetzlich zu regeln. Zum Zwecke des Studiums sind im Bedarfsfalle besondere Unterhaltsbeihilfen zu gewähren. Soweit der Staat für die öffentlichen Schulen Schulgeldfreiheit gewährt, sind auch die in Artikel 8 Abs. 4 genannten Privatschulen berechtigt, zu Lasten des Staates auf die Erhebung von Schulgeld zu verzichten; soweit er Lehr- und Lernmittelfreiheit gewährt, sind Lehr- und Lernmittel in gleicher Weise für diese Privatschulen zur Verfügung zu stellen wie für die öffentlichen Schulen.

Art. 10 (Schulverfassung)
(1) Das Schulwesen des Landes baut sich auf einer für alle Kinder verbindlichen Grundschule auf, die Teil der Volksschule ist. Die Gliederung des Schulwesens wird durch die Mannigfaltigkeit der Lebens- und Berufsaufgaben bestimmt. Für die Aufnahme in eine Schule sind Anlage und Neigung des Kindes maßgebend, nicht die wirtschaftliche Lage und die gesellschaftliche Stellung der Eltern.
(2) Die Erziehungsberechtigten wirken durch Elternvertretungen an der Gestaltung des Schulwesens mit.

Art. 12 (Schularten)
(1) Die Volksschule umfaßt die Grundschule als Unterstufe des Schulwesens und die Hauptschule als weiterführende Schule.
(2) Grundschule und Hauptschule müssen entsprechend ihren Bildungszielen nach Organisation und Ausstattung die Voraussetzungen eines geordneten Schulbetriebes erfüllen.
(3) Grundschulen sind Gemeinschaftsschulen, Bekenntnisschulen oder Weltanschauungsschulen. Auf Antrag der Erziehungsberechtigten sind, soweit ein geordneter Schulbetrieb gewährleistet ist, Grundschulen einzurichten.
(4) Hauptschulen sind von Amts wegen als Gemeinschaftsschulen zu errichten. Auf Antrag der Erziehungsberechtigten sind Bekenntnisschulen oder Weltanschauungsschulen zu errichten, soweit ein geordneter Schulbetrieb bei der beantragten Hauptschule und der Besuch einer Gemeinschaftsschule in zumutbarer Weise gewährleistet sind.

(5) Hauptschulen sind in Gemeinschaftsschulen umzuwandeln, wenn Erziehungsberechtigte, die ein Drittel der Schüler vertreten, dieses beantragen.
(6) In Gemeinschaftsschulen werden Kinder auf der Grundlage christlicher Bildungs- und Kulturwerte in Offenheit für die christlichen Bekenntnisse und für andere religiöse und weltanschauliche Überzeugungen gemeinsam unterrichtet und erzogen.
In Bekenntnisschulen werden Kinder des katholischen oder des evangelischen Glaubens oder einer anderen Religionsgemeinschaft nach den Grundsätzen des betreffenden Bekenntnisses unterrichtet und erzogen.
In Weltanschauungsschulen, zu denen auch die bekenntnisfreien Schulen gehören, werden die Kinder nach den Grundsätzen der betreffenden Weltanschauung unterrichtet und erzogen.
(7) Das Nähere bestimmt ein Gesetz.

Art. 13 (Schultoleranz)
Wegen des religiösen Bekenntnisses darf im Einzelfall keinem Kinde die Aufnahme in eine öffentliche Schule verweigert werden, falls keine entsprechende Schule vorhanden ist.

Art. 14 (Religionsunterricht)
(1) Der Religionsunterricht ist ordentliches Lehrfach an allen Schulen, mit Ausnahme der Weltanschauungsschulen (bekenntnisfreie Schulen).
Für die religiöse Unterweisung bedarf der Lehrer der Bevollmächtigung durch die Kirche oder durch die Religionsgemeinschaft. Kein Lehrer darf gezwungen werden, Religionsunterricht zu erteilen.
(2) Lehrpläne und Lehrbücher für den Religionsunterricht sind im Einvernehmen mit der Kirche oder der Religionsgemeinschaft zu bestimmen.
(3) Unbeschadet des staatlichen Aufsichtsrechtes haben die Kirchen oder die Religionsgemeinschaften das Recht, nach einem mit der Unterrichtsverwaltung vereinbarten Verfahren sich durch Einsichtnahme zu vergewissern, daß der Religionsunterricht in Übereinstimmung mit ihren Lehren und Anforderungen erteilt wird.
(4) Die Befreiung vom Religionsunterricht ist abhängig von einer schriftlichen Willenserklärung der Erziehungsberechtigten oder des religionsmündigen Schülers.

Art. 19 (Freie Religionsausübung)
(1) Die Freiheit der Vereinigung zu Kirchen oder Religionsgemeinschaften wird gewährleistet. Der Zusammenschluß von Kirchen oder Religionsgemeinschaften innerhalb des Landes unterliegt keinen Beschränkungen.
(2) Die Kirchen und die Religionsgemeinschaften ordnen und verwalten ihre Angelegenheiten selbständig innerhalb der Schranken des für alle geltenden Gesetzes. Sie haben das Recht, ihre Ämter ohne Mitwirkung des Staates und der politischen Gemeinde zu verleihen oder zu entziehen.

Art. 20 (Anstaltsseelsorge)
Die Kirchen und die Religionsgemeinschaften haben das Recht in Erziehungs-, Kranken-, Straf- und ähnlichen öffentlichen Anstalten gottesdienstliche Handlungen vorzunehmen und eine geordnete Seelsorge auszuüben, wobei jeder Zwang fernzuhalten ist.

Anlage 7

**Gesetz
über die Schulpflicht im Lande Nordrhein-Westfalen
(Schulpflichtgesetz – SchpflG)
in der Fassung der Bekanntmachung vom 2. Februar 1980**

Abschnitt I

Allgemeines

§ 1

Schulpflicht

(1) Schulpflichtig ist, wer im Lande Nordrhein-Westfalen seinen Wohnsitz oder seinen gewöhnlichen Aufenthalt oder seine Ausbildungs- oder Arbeitsstätte hat. Die Schulpflicht umfaßt
1. die Pflicht zum Besuch einer Vollzeitschule (Vollzeitschulpflicht)
2. die Pflicht zum Besuch der Berufsschule (Berufsschulpflicht).
(2) Die Schulpflicht ist durch den Besuch einer deutschen Schule zu erfüllen. Über Ausnahmen entscheidet der Kultusminister oder die von ihm durch Rechtsverordnung zu bestimmende Schulaufsichtsbehörde.
(3) Völkerrechtliche Abkommen und zwischenstaatliche Vereinbarungen bleiben unberührt.

§ 2

Schuljahr, Unterrichtszeit

(1) Das Schuljahr beginnt in allen Schulen am 1. August und endet am 31. Juli des darauffolgenden Kalenderjahres. Der Kultusminister kann für einzelne Schulstufen, Schulformen oder Schultypen die Gliederung des Schuljahres in Semester (Schulhalbjahre) oder andere Zeitabschnitte zulassen sowie deren Beginn und Ende festlegen.
(2) Der Unterricht kann auf fünf Wochentage verteilt werden, wenn das Regelmaß der wöchentlichen Unterrichtsstunden der Schüler dies im Rahmen einer sachgemäßen Unterrichtsverteilung zuläßt. Die einzelne Schule kann im Einvernehmen mit dem Schulträger die Fünf-Tage-Woche einführen, wenn die obere Schulaufsichtsbehörde dies genehmigt. Der Kultusminister kann die Fünf-Tage-Woche schrittweise oder für einzelne Schulstufen oder Schulformen einführen, soweit die schulorganisatorischen Verhältnisse dies zulassen.
(3) Schulen können als Ganztagsschulen geführt werden, wenn die personellen, sächlichen und schulorganisatorischen Voraussetzungen dafür vorliegen. Die Entscheidung trifft die obere Schulaufsichtsbehörde im Einvernehmen mit dem Schulträger.

Abschnitt II

Vollzeitschulpflicht

§ 3

Beginn

(1) Die Schulpflicht beginnt für Kinder, die bis zum Beginn des 30. Juni das sechste Lebensjahr vollendet haben, am 1. August desselben Kalenderjahres.

(2) Kinder, die in der Zeit vom 30. Juni bis zum Beginn des 31. Dezember das sechste Lebensjahr vollenden, können auf Antrag der Erziehungsberechtigten zu Beginn des Schuljahres in die Schule aufgenommen werden, wenn sie die für den Schulbesuch erforderliche Reife besitzen. Die Entscheidung trifft der Schulleiter. Vorzeitig in die Schule aufgenommene Kinder werden mit der Aufnahme schulpflichtig.

§ 4
Zurückstellung

(1) Schulpflichtige Kinder, die die für den Schulbesuch erforderliche Reife noch nicht besitzen, können vom Schulleiter für ein Jahr, vom Schulamt für ein weiteres Jahr vom Schulbesuch zurückgestellt werden. Vor der Entscheidung ist ein Gutachten des Gesundheitsamtes einzuholen; die Erziehungsberechtigten sind zu hören.
(2) Das Schulamt kann auf Antrag des Schulleiters bestimmen, daß die nach Absatz 1 vom Schulbesuch zurückgestellten Kinder einen Schulkindergarten zu besuchen haben, wenn dies zur Förderung ihrer Entwicklung angebracht und nach Lage der Verhältnisse durchführbar erscheint. Die Erziehungsberechtigten sind vor der Entscheidung zu hören.
(3) Die Zeit der Zurückstellung wird auf die Dauer der Schulpflicht *nicht* angerechnet. Das Schulamt kann in Ausnahmefällen auf Antrag der Erziehungsberechtigten die Zeit der Zurückstellung auf die Dauer der Schulpflicht anrechnen.

§ 5
Dauer

Die Vollzeitschulpflicht dauert zehn Schuljahre. Sie endet ausnahmsweise vorher, wenn der Schüler einen der nach dem zehnten Vollzeitschuljahr vorgesehenen Abschlüsse in weniger als zehn Schuljahren erreicht hat. Über die vorzeitige Beendigung entscheidet der Kultusminister oder die von ihm durch Rechtsverordnung zu bestimmende Schulaufsichtsbehörde.

§ 6
Erfüllung

(1) Die Vollzeitschulpflicht wird in den ersten neun Schuljahren durch den Besuch der öffentlichen Grundschule und einer öffentlichen weiterführenden allgemeinbildenden Schule erfüllt. Die Vollzeitschulpflicht kann im zehnten Schuljahr an einer allgemeinbildenden Schule oder an einer berufsbildenden Schule erfüllt werden. Die Vollzeitschulpflicht kann auch durch den Besuch einer Versuchsschule erfüllt werden.
(2) Soweit Schulbezirke gebildet sind, hat der Schüler die für seinen Wohnsitz zuständige Schule zu besuchen. § 25 SchOG bleibt unberührt. Hat der Schüler seinen Wohnsitz nicht im Lande Nordrhein-Westfalen, so ist der gewöhnliche Aufenthalt maßgebend.
(3) Aus besonderen Gründen kann die vom Kultusminister durch Rechtsverordnung zu bestimmende Schulaufsichtsbehörde im Einvernehmen mit dem Schulträger den Besuch einer anderen als der zuständigen Schule gestatten.
(4) Vom Besuch der Grundschule darf das Schulamt nur befreien, wenn ein wichtiger Grund vorliegt und für anderweitigen Unterricht hinreichend gesorgt ist.
(5) Die Schulpflicht kann auch durch den Besuch einer genehmigten oder vorläufig erlaubten Ersatzschule erfüllt werden.
(6) § 13 Abs. 2 Nr. 6 findet entsprechende Anwendung.

§ 7
Pflicht zum Besuch einer Sonderschule oder eines Sonderunterrichts

(1) Schulpflichtige, die am Unterricht einer Grundschule oder Hauptschule nicht teilnehmen können oder durch ihn nicht hinreichend gefördert werden, sind zum Besuch einer ihrer Behinderung entsprechenden Sonderschule oder zur Teilnahme an einem Sonderunterricht verpflichtet. Die vom Kultusminister durch Rechtsverordnung zu bestimmende Schulaufsichtsbehörde entscheidet darüber, welche Sonderschule der Schulpflichtige zu besuchen oder an welchem Sonderunterricht er teilzunehmen hat. Vor der Entscheidung ist ein Gutachten des Gesundheitsamtes einzuholen; die Erziehungsberechtigten sind zu hören.

(2) Die Pflicht zum Besuch der Schule für Lernbehinderte und der Schule für Erziehungshilfe oder die Teilnahme an einem entsprechenden Sonderunterricht endet nach zehn Schuljahren. Die Vollzeitschulpflicht kann im zehnten Schuljahr auch an einer berufsbildenden Schule erfüllt werden. § 5 Satz 2 und 3 gilt entsprechend mit der Maßgabe, daß der Schüler der Schule für Lernbehinderte den Hauptschulabschluß erreicht hat.

(3) Die Pflicht zum Besuch einer sonstigen Sonderschule oder zur Teilnahme an einem entsprechenden Sonderunterricht endet nach elf Schuljahren. Die Vollzeitschulpflicht kann im elften Schuljahr auch an einer berufsbildenden Schule erfüllt werden. § 5 Satz 2 und 3 findet entsprechende Anwendung.

(4) Schüler, die eine Schule für Geistigbehinderte besuchen, sind nach Beendigung der Pflicht zum Schulbesuch der Sonderschule höchstens bis zur Vollendung des fünfundzwanzigsten Lebensjahres berechtigt, diese Sonderschule weiter zu besuchen, wenn anzunehmen ist, daß der Schüler in dieser Zeit dem Bildungsziel der Schule für Geistigbehinderte nähergebracht werden kann.

(5) Kinder, die mit an Sicherheit grenzender Wahrscheinlichkeit eine Sonderschule besuchen müssen und für diesen Schulbesuch einer besonderen Vorbereitung bedürfen, können auf Antrag der Erziehungsberechtigten nach Vollendung des dritten Lebensjahres in den Sonderschulkindergarten aufgenommen werden, wenn ihnen die notwendige fachspezifische Förderung in einer anderen Einrichtung der Behindertenhilfe nicht geboten werden kann oder wenn diese Einrichtung nicht in zumutbarer Weise erreicht werden kann. Die Entscheidung trifft die untere Schulaufsichtsbehörde. Vor der Entscheidung ist ein Gutachten des Gesundheitsamtes einzuholen.

(6) Sonderschulpflichtige sind verpflichtet, Ganztagsschulen zu besuchen, wenn das Bildungsziel der Sonderschule in anderer Weise nicht erreicht werden kann.

§ 8
Anstaltspflege

(1) Sonderschulpflichtige können, wenn das Bildungsziel der Sonderschule in anderer Weise nicht erreicht werden kann, mit Zustimmung der Erziehungsberechtigten in Anstalten, Heimen oder Familienpflege untergebracht werden. Die Entscheidung trifft die vom Kultusminister durch Rechtsverordnung zu bestimmende Schulaufsichtsbehörde im Einvernehmen mit dem Jugendamt.

(2) Verweigern die Erziehungsberechtigten ihre Zustimmung, so ist eine Entscheidung des Vormundschaftsgerichtes nach §§ 1666, 1838 des Bürgerlichen Gesetzbuches herbeizuführen.

Abschnitt III
Berufsschulpflicht

§ 9
Beginn

Mit der Beendigung der Vollzeitschulpflicht beginnt die Berufsschulpflicht.

§ 10
Unterrichtsform

Der Berufsschulunterricht wird in Teilzeitform oder in zusammenhängenden Abschnitten in Vollzeitform (Blockunterricht) erteilt. An die Stelle des Teilzeitunterrichts tritt der Blockunterricht, soweit die personellen und sächlichen Voraussetzungen dafür vorliegen. Der Kultusminister wird ermächtigt, im Einvernehmen mit dem Minister für Wirtschaft, Mittelstand und Verkehr durch Rechtsverordnung nähere Regelungen über die Einführung, die Form und den Umfang des Blockunterrichts zu treffen.

§ 11
Dauer

(1) Die Berufsschulpflicht dauert in der Regel bis zum Ablauf des Schuljahres, in dem der Schüler das achtzehnte Lebensjahr vollendet.
(2) Befindet sich der Schüler zum Zeitpunkt der Beendigung der Berufsschulpflicht nach Absatz 1 in einem Berufsausbildungsverhältnis, so dauert die Pflicht zum Besuch der Berufsschule, solange das Berufsausbildungsverhältnis besteht.
(3) Die Berufsschulpflicht endet vor dem Zeitpunkt nach Absatz 1
a) mit dem erfolgreichen Abschluß eines mindestens zweijährigen Berufsausbildungsverhältnisses, wenn der Berufsschulpflichtige ein neues Berufsausbildungsverhältnis nicht beginnt, oder
b) nach insgesamt elf Schuljahren, wenn der Berufsschulpflichtige ein berufsbildendes Vollzeitschuljahr oder eine gleichwertige Berufsvorbereitung in einer außerschulischen Einrichtung besucht hat und ein Berufsausbildungsverhältnis nicht beginnt.
(4) Die Berufsschulpflicht endet im übrigen vor den in Absatz 1 und 2 festgelegten Zeitpunkten, wenn der Kultusminister oder die von ihm durch Rechtsverordnung zu bestimmende Schulaufsichtsbehörde feststellt, daß die bisherige schulische Ausbildung den weiteren Besuch der Berufsschule entbehrlich macht.
(5) Auszubildende, die nach Beendigung der Berufsschulpflicht nach Absatz 1 ein Berufsausbildungsverhältnis beginnen, sind berechtigt, die Berufsschule zu besuchen, solange das Berufsausbildungsverhältnis besteht.

§ 12
Berufsvorbereitungsjahr, Berufsgrundschuljahr

(1) Als Vollzeitschuljahr zur Vorbereitung auf die Berufswahl führt die Berufsschule das Berufsvorbereitungsjahr.
(2) Als Vollzeitschuljahr zur Vermittlung einer beruflichen Grundbildung führt die Berufsschule das Berufsgrundschuljahr.
(3) Der Kultusminister wird ermächtigt, im Einvernehmen mit dem jeweils fachlich zuständigen Minister durch Rechtsverordnung die Berufsfelder und Schuleinzugsbereiche zu bestimmen, in denen die Berufsschulpflicht im ersten Jahr durch den Besuch des Berufsgrundschuljahres zu erfüllen ist.

(4) Das Berufsvorbereitungsjahr und das Berufsgrundschuljahr können auch zur Erfüllung der Vollzeitschulpflicht gemäß § 6 Abs. 1 Satz 2 besucht werden.

§ 13
Erfüllung

(1) Der Berufsschulpflichtige hat die für die Ausbildungsstätte zuständige öffentliche Berufsschule zu besuchen; der Berufsschulpflichtige ohne Berufsausbildungsverhältnis hat die für den Wohnort zuständige öffentliche Berufsschule zu besuchen. Der Besuch einer vergleichbaren berufsbildenden Ersatzschule ist zulässig. Die vom Kultusminister durch Rechtsverordnung zu bestimmende Schulaufsichtsbehörde kann im Einvernehmen mit dem Schulträger bei Vorliegen besonderer Gründe den Besuch einer anderen als der zuständigen Schule gestatten.

(2) Die Pflicht zum Besuch der Berufsschule ruht
1. während des Besuchs einer öffentlichen weiterführenden allgemeinbildenden oder berufsbildenden Schule in Vollzeitform oder einer vergleichbaren Ersatzschule,
2. während des Besuchs einer Hochschule,
3. während des Dienstes als Polizeivollzugsbeamter oder als Soldat bei der Bundeswehr oder eines entsprechenden Dienstes,
4. während der Ableistung des freiwilligen sozialen Jahres, sofern der Träger dem Berufsschulpflichtigen einen dem Berufsschulunterricht entsprechenden Unterricht erteilt,
5. während eines öffentlich-rechtlichen Ausbildungsverhältnisses, in das der Berufsschulpflichtige nach Vollendung des sechzehnten Lebensjahres eingetreten ist, wenn der Kultusminister festgestellt hat, daß der Berufsschulpflichtige durch regelmäßigen Unterricht den Bildungsstand erreichen kann, der dem Ziel der Berufsschule entspricht,
6. vor und nach der Niederkunft in entsprechender Anwendung des Mutterschutzgesetzes,
7. wenn der Nachweis geführt wird, daß durch den Schulbesuch die Betreuung des Kindes des Berufsschulpflichtigen gefährdet wäre,
8. für eine vom Kultusminister festzusetzende Zeit, wenn der Berufsschulpflichtige an einem von einer Schule veranstalteten sechs- bis achtwöchigen Lehrgang mit Vollzeitunterricht teilgenommen hat, soweit dieser Unterricht nach Inhalt und Umfang dem Berufsschulunterricht entspricht.

§ 14
Sonderklasse, Sonderschule

(1) Schulpflichtige, die am Unterricht der Berufsschule nicht teilnehmen können oder durch ihn nicht hinreichend gefördert werden, sind zum Besuch einer ihrer Behinderung entsprechenden Sonderklasse oder Sonderschule verpflichtet. Die vom Kultusminister durch Rechtsverordnung zu bestimmende Schulaufsichtsbehörde entscheidet darüber, welche Sonderklasse oder Sonderschule der Schulpflichtige zu besuchen hat. Vor der Entscheidung kann ein Gutachten des Gesundheitsamtes eingeholt werden; die Erziehungsberechtigten sind zu hören.

(2) Der Kultusminister wird ermächtigt, durch Rechtsverordnung Vorschriften über die Dauer des Besuchs einer Sonderklasse oder einer Sonderschule zu erlassen. Dabei sind die Behinderung und der Beruf des Schulpflichtigen zu berücksichtigen.

Abschnitt IV
Gemeinsame Bestimmungen

§ 15
Ruhen der Schulpflicht

Die Schulpflicht ruht für Kinder und Jugendliche, von denen anzunehmen ist, daß sie in einer Sonderschule nicht zu sinnvoller Tätigkeit oder ausreichender sozialer Anpassung geführt werden können. In Zweifelsfällen soll ein geeigneter Probeunterricht in einer Sonderschule durchgeführt werden, der in der Regel sechs Monate dauert; in Ausnahmefällen darf er ein Jahr dauern. Die Entscheidung über das Ruhen der Schulpflicht trifft die untere Schulaufsichtsbehörde. Vor der Entscheidung ist ein Gutachten des Gesundheitsamtes einzuholen; die Erziehungsberechtigten sind zu hören.

§ 16
Überwachung der Schulpflicht

(1) Die Erziehungsberechtigten haben den Schulpflichtigen bei der zuständigen Schule an- oder abzumelden.
(2) Die Erziehungsberechtigten haben dafür Sorge zu tragen, daß der Schulpflichtige am Unterricht und an den sonstigen Veranstaltungen der Schule regelmäßig teilnimmt und sich der Schulordnung fügt.
(3) Die Verpflichtungen nach Absatz 1 und 2 obliegen auch dem Ausbildenden und dem Arbeitgeber.
(4) Die Erziehungsberechtigten haben den Schulpflichtigen für den Schulbesuch ordnungsgemäß auszustatten.

§ 17
Erziehungsberechtigte

Erziehungsberechtigte im Sinne dieses Gesetzes sind die Eltern oder diejenigen Personen und Stellen, denen anstelle der Eltern die Erziehung der Schulpflichtigen ganz oder teilweise obliegt.

§ 18
Einwirkung der Schule

Lehrer und Schulleiter sind verpflichtet, Schulpflichtige, die ihre Schulpflicht nicht erfüllen, zum regelmäßigen Schulbesuch anzuhalten und auf die Erziehungsberechtigten sowie auf die in § 16 Abs. 3 näher bezeichneten Personen entsprechend einzuwirken.

§ 19
Schulzwang

Bleibt die Einwirkung nach § 18 erfolglos, so werden die Schulpflichtigen der Schule zwangsweise zugeführt. Die zwangsweise Zuführung erfolgt auf schriftliches Ersuchen des Schulleiters. Auf sie finden die Vorschriften des Gesetzes über Ausübung und Grenzen des unmittelbaren Zwanges (UZwG. NW.) Anwendung.

§ 20
Ordnungswidrigkeiten

(1) Ordnungswidrig handelt, wer vorsätzlich oder fahrlässig
1. entgegen § 16 Abs. 1 einen Schulpflichtigen, der das sechste Lebensjahr vollendet hat, nicht an- oder abmeldet,

2. es entgegen § 16 Abs. 2 oder 3 unterläßt, für die ordnungsmäßige Erfüllung der Schulpflicht Sorge zu tragen,
3. seiner Berufsschulpflicht entgegen § 1 und §§ 9 bis 14 nicht genügt.
(2) Die Ordnungswidrigkeit kann mit einer Geldbuße geahndet werden.
(3) Nach der Entlassung des Schulpflichtigen aus der Schule ist die Verfolgung der Ordnungswidrigkeit nach Absatz 1 Nr. 3 unzulässig.

Abschnitt V

Übergangsvorschriften

§ 21

Außerschulische Einrichtungen

(1) Der Kultusminister kann in Ausnahmefällen, insbesondere bei Behinderten oder bei internatsmäßiger Unterbringung, zulassen, daß ein Schulpflichtiger anstelle des zehnten Vollzeitschuljahres, bei Sonderschulen im Sinne von § 7 Abs. 3 anstelle des elften Vollzeitschuljahres, eine gleichwertige Berufsvorbereitung in einer außerschulischen Einrichtung besucht. Während dieser Zeit ist der Schulpflichtige zum Besuch der Berufsschule verpflichtet.
(2) Der Kultusminister kann im Einvernehmen mit dem Minister für Wirtschaft, Mittelstand und Verkehr durch Rechtsverordnung mit Zustimmung des Ausschusses für Schule und Kultur des Landtags zulassen, daß ein Schulpflichtiger abweichend von § 6 Abs. 1 Satz 2 anstelle des zehnten Vollzeitschuljahres, bei Sonderschulen im Sinne von § 7 Abs. 3 anstelle des elften Vollzeitschuljahres außerschulische Einrichtungen besucht, die eine einjährige gleichwertige Berufsgrundbildung vermitteln. Die Gleichwertigkeit setzt eine berufsfeldbreite Grundbildung voraus, die den Zielen und Inhalten des Berufsgrundschuljahres entspricht und mindestens 20 Wochen Berufsschulunterricht umfaßt.
(3) Träger und Leiter der außerschulischen Einrichtung nach Absatz 1 und 2 sind verpflichtet, der Schulaufsichtsbehörde Einblick in die Einrichtung zu geben sowie die entsprechenden Auskünfte zu erteilen und Nachweise zu erbringen, soweit dies zur Feststellung der Gleichwertigkeit erforderlich ist.

§ 22

Ergänzungsschulen

(1) Ob und unter welchen Voraussetzungen die Schulpflicht an Ergänzungsschulen erfüllt werden kann, wird in einem Gesetz über Ergänzungsschulen näher bestimmt werden.
(2) Bis zum Inkrafttreten des Gesetzes nach Absatz 1 ist es zulässig,
1. anstelle der Hauptschule eine allgemeinbildende Ergänzungsschule und
2. anstelle der Berufsschule eine berufsbildende Ergänzungsschule
zu besuchen, wenn die obere Schulaufsichtsbehörde festgestellt hat, daß an der Ergänzungsschule nach Nummer 1 das Bildungsziel der Hauptschule und an der Ergänzungsschule nach Nummer 2 das Bildungsziel der Berufsschule erreicht werden kann.
(3) Bis zum Inkrafttreten des Gesetzes nach Absatz 1 ist es ferner zulässig, anstelle der Berufsschule eine weiterführende allgemeinbildende oder berufsbildende Ergänzungsschule zu besuchen, sofern der Jugendliche an einer dieser Schulen wöchentlich mindestens an vierundzwanzig Unterrichtsstunden teilnimmt und die obere

Schulaufsichtsbehörde festgestellt hat, daß der Besuch einer dieser Schulen anstelle des Besuchs der Berufsschule vertretbar ist.

Abschnitt VI
Schlußvorschriften

§ 23
Durchführungsbestimmungen

Der Kultusminister erläßt die zur Durchführung dieses Gesetzes notwendigen Verwaltungsvorschriften.

§ 24
Inkrafttreten [1][2]

Das Gesetz tritt am Tage nach der Verkündung in Kraft.

---

[1] Die Vorschrift betrifft das Inkrafttreten des Gesetzes in der Fassung vom 14. Juni 1966. Die vom Inkrafttreten bis zum Zeitpunkt der Bekanntmachung der Neufassung eingetretenen Änderungen ergeben sich aus der vorangestellten Bekanntmachung.

[2] Das Inkrafttreten des Gesetzes in der vorstehenden Neufassung ergibt sich aus Artikel V des Gesetzes zur Änderung des Schulpflichtgesetzes und des Schulfinanzgesetzes vom 4. Juli 1979 (GV. NW. S. 479), der bestimmt:
„1. Dieses Gesetz tritt am 1. August 1980 in Kraft.
2. Schulpflichtige, die vor dem 1. August 1980 die Schule nach neun Schuljahren verlassen und anschließend ein Berufsausbildungsverhältnis beginnen, sind vom Besuch des zehnten Vollzeitschuljahres befreit. Sonderschulpflichtige mit elfjähriger Vollzeitschulpflicht sind entsprechend vom Besuch des elften Vollzeitschuljahres befreit. Die nach Satz 1 und 2 befreiten Schulpflichtigen sind zum Besuch der Berufsschule (§ 10 SchpflG) verpflichtet."

Anlage 8

**Verfahren
bei der Aufnahme in Sonderschulen
und beim Übergang von Sonderschulen in allgemeine Schulen
(Sonderschul-Aufnahmeverfahren — SAV)**

RdErl. des Kultusministers vom 20.12.1973
IIA 5.36 — 5/0 — 4350/73

Übersicht

1. Allgemeines
2. Behinderungen, die eine Sonderschulbedürftigkeit zur Folge haben können
2.1. Blindheit
2.2. Erziehungsschwierigkeit
2.3. Gehörlosigkeit
2.4. Geistige Behinderung
2.5. Körperbehinderung und Krankheit
2.6. Lernbehinderung
2.7. Schwerhörigkeit
2.8. Sehbehinderung
2.9. Sprachbehinderung
2.10. Mehrfachbehinderungen
3. Aufnahme sonderschulbedürftig Behinderter in Sonderschulen
3.1. Durchführende Behörde
3.2. Beteiligte
3.3. Aufnahme in eine Sonderschule bei Beginn der Schulpflicht
3.4. Umschulung von einer allgemeinen Schule in eine Sonderschule während der Zeit der Schulpflicht
3.5. Umschulung von einer Sonderschule in eine Sonderschule anderen Typs
3.6. Zweifelsfälle
4. Übergang von einer Sonderschule in eine allgemeine Schule
5. Besondere Regelungen
5.1. Sonderunterricht
5.2. Krankenhausschule
6. Sonderschulbedürftige Berufsschulpflichtige

1. Allgemeines

1.1 Kinder, die am Unterricht einer allgemeinen Schule nicht teilnehmen können oder durch ihn nicht hinreichend gefördert werden, sind zum Besuch einer ihrer Eigenart entsprechenden Sonderschule oder zur Teilnahme an einem Sonderunterricht verpflichtet (§ 8 Abs. 1 SchpflG).
Als Stelle, die darüber entscheidet, welche Sonderschule ein Kind zu besuchen oder an welchem Sonderunterricht es teilzunehmen hat, bestimme ich hiermit gemäß § 8 Abs. 1 SchpflG die untere Schulaufsichtsbehörde, in deren Bereich das Kind schulpflichtig ist.

1.2 Jugendliche, die am Unterricht der Berufsschule nicht teilnehmen können oder durch ihn nicht hinreichend gefördert werden, sind zum Besuch einer ihrer Eigenart entsprechenden Sonderklasse oder Sonderschule verpflichtet (§ 13 Abs. 1 SchpflG).
Als Stelle, die darüber entscheidet, welche Sonderklasse oder Sonderschule der Jugendliche zu besuchen hat, bestimme ich hiermit gemäß § 13 Abs. 1 SchpflG die obere Schulaufsichtsbehörde (Regierungspräsident bzw. Landesoberbergamt), in deren Bereich der Jugendliche berufsschulpflichtig ist.

1.3 Im Lande Nordrhein-Westfalen bestehen folgende Sonderschultypen:
Schule für Blinde (Sonderschule)
Schule für Erziehungshilfe (Sonderschule)
Schule für Gehörlose (Sonderschule)
Schule für Geistigbehinderte (Sonderschule)
Schule für Körperbehinderte (Sonderschule)
Schule für Lernbehinderte (Sonderschule)
Schule für Schwerhörige (Sonderschule)
Schule für Sehbehinderte (Sonderschule)
Schule für Sprachbehinderte (Sonderschule)
Krankenhausschule (Sonderschule)

1.4 Für Schüler, die wegen einer körperlichen Behinderung oder aus Krankheitsgründen nicht in der Lage sind, eine Schule zu besuchen, ist Sonderunterricht (Hausunterricht) einzurichten (§ 10 Abs. 9 SchVG).

2. Behinderungen, die eine Sonderschulbedürftigkeit zur Folge haben können

2.4 Geistige Behinderung
Als sonderschulbedürftig geistigbehindert gelten Kinder und Jugendliche, die wegen höhergradiger Behinderung im Bereich intellektueller Funktionen in der Schule für Lernbehinderte nicht hinreichend gefördert werden können. Sie sind in der Regel nicht in der Lage, grundlegende Lerninhalte von der Art der Kulturtechniken aufzunehmen, zu speichern und zu verarbeiten. Zu den kognitiven Beeinträchtigungen treten in der Regel erhebliche Entwicklungsverzögerungen der Sprache, der sozialen Kommunikation, der emotionalen Differenziertheit und motorische und Konzentrationsschwächen. Die Grenze zur Lernbehinderung liegt etwa bei drei Standardabweichungen unterhalb des Mittelwertes bei einem Intelligenztest, der für diesen Bereich aussagefähig ist und durch Untersuchungen, insbesondere zur Sozialreife, Motorik und Konzentrationsfähigkeit ergänzt werden sollte.

Als Voraussetzung für die Aufnahme in eine Schule für Geistigbehinderte gelten in der Regel:
- ein geistig-seelischer Entwicklungsstand, der Gegenstandsbezug erkennen läßt und den Behinderten befähigt, über die Stufe eines bloßen dranghaften Hantierens hinaus sinnvoll mit Material umzugehen und über mehrere Minuten bei angemessenen Tätigkeiten zu verweilen;
- die Fähigkeit, einfache verbale oder gestische Mitteilungen zu verstehen;
- die Fähigkeit, soziale Verhaltensweisen zu erlernen;
- ein Gesundheitszustand, der dem Behinderten die Beteiligung an schulischen Veranstaltungen ohne Überforderung ermöglicht.

Eine noch nicht erreichte persönliche Sauberkeit stellt die schulische Förderung eines Geistigbehinderten grundsätzlich nicht in Frage.

Anlage 9

4. Aufnahme Schwerstbehinderter in Sonderschulen

Der Kultusminister
des Landes Nordrhein-Westfalen
II A 5.36 – 5/0 Nr. 1831/78

Düsseldorf, den 12. Juli 1978

An den Regierungspräsidenten in Arnsberg pp.

Bezug: Sonderschulaufnahmeverfahren (SAV) vom 20.12.1973 –
(GABl. 1974 S. 62 ff.)
Richtlinien zur Errechnung der Lehrerstellen und zur Bildung der Klassen für das Schuljahr 1978/79 (GABl. 1978 S. 124)

Im Zuge der Weiterentwicklung des Sonderschulwesens wird das Ziel angestrebt, möglichst alle schulpflichtigen Behinderten, auch Schwerstbehinderte, in die Schulen aufzunehmen.

Vorbehaltlich der abschließenden Regelung in einer noch zu erlassenden Ausbildungs- und Prüfungsordnung für Sonderschulen ist daher bei Ziffer 2 des SAV zu berücksichtigen:

Als schwerstbehindert im Sinne des SAV und der oben genannten Richtlinien zur Errechnung der Lehrerstellen und zur Bildung der Klassen für das Schuljahr 1978/79 gelten folgende Kinder und Jugendlichen:

1. schwer mehrfach Behinderte, deren Behinderung bestimmt ist durch die Verbindung von zwei oder mehr der im SAV unter den Ziffern
   2.1 Blindheit,
   2.2 Erziehungsschwierigkeiten/Verhaltensstörung,
   2.3 Gehörlosigkeit,
   2.4 geistige Behinderung und
   2.5 Körperbehinderung und Krankheit

   genannten sonderschulbedürftigen Behinderungen; bei Ziffer 2.2 Erziehungsschwierigkeit/Verhaltensstörung und bei Ziffer 2.5 Körperbehinderung und Krankheit sind jedoch nur anhaltend hochgradige Behinderungen zu berücksichtigen.

2. Behinderte, deren Gesamtbehinderung auf der Grundlage einer geistigen Behinderung, einer Körperbehinderung oder einer Verhaltensstörung erheblich über die im SAV beschriebenen Erscheinungsformen hinausgeht.
   Dabei handelt es sich um

   2.1 Geistigbehinderte, die nicht die unter Ziffer 2.4 des SAV genannten Voraussetzungen für die Aufnahme in eine Schule für Geistigbehinderte erfüllen, sofern dieser Umstand nicht oder nicht vorwiegend auf einen noch bestehenden und voraussichtlich aufholbaren Entwicklungsrückstand zurückzuführen ist.
   In der Regel
   – zeigen sie einen geistig-seelischen Entwicklungsstand, der noch keinen Ge-

genstandsbezug erkennen läßt und nicht über die Stufe eines bloß dranghaften Hantierens hinauszugehen scheint; ein sinnvoller Umgang mit Material ist noch nicht zu beobachten und das Kind kann auch bei angemessenen Tätigkeiten nicht über mehrere Minuten verweilen;
— besitzen sie noch nicht die Fähigkeit, einfache verbale oder gestische Mitteilungen zu verstehen;
— können sie soziale Verhaltensweisen noch nicht erlernen;
— weisen sie einen Gesundheitszustand auf, bei dem die Beteiligung an schulischen Veranstaltungen herkömmlicher Art eine Überforderung darstellen würde.

Bei diesen Schülern findet sich vielfach eine abweichende körperliche Allgemeinentwicklung neben verschiedenartigen Beeinträchtigungen des Gesamtzustandes, wie etwa chronischen Krankheiten und deren Folgeerscheinungen. Sie bedürfen weitgehend individueller Erziehungsbemühungen fundamentaler Art und sind in erheblichem Umfang pflege- und aufsichtsbedürftig.

2.2 Körperbehinderte, die sich nicht selbst — auch nicht mit Hilfsmitteln — fortbewegen können und
— keine für die schulische Bildung einsetzbare Funktionsfähigkeit der Arme besitzen bzw.
— so schwer sprachbehindert sind, daß ihre Sprache für Außenstehende nicht verständlich ist bzw.
— deren Gesamtzustand durch chronische Krankheiten und deren Folgen zusätzlich erheblich beeinträchtigt ist.

2.3 Verhaltensgestörte, deren in Ziffer 2.2 des SAV beschriebenen *Behinderungen so schwerwiegend sind,* daß sie noch nicht oder nur sehr eingeschränkt erziehlich und unterrichtlich in einer Gruppe gefördert werden können.

Trotz der Weiterentwicklung des Sonderschulwesens wird es auch in Zukunft noch Kinder und Jugendliche geben, die so erheblich behindert sind, daß sie beim jeweiligen Stand der zuständigen Sonderschule dort noch nicht ihrer Eigenart entsprechend versorgt und gefördert und daher auch nicht aufgenommen werden können.

Die Entscheidung in solchen Fällen muß unter Beachtung der Möglichkeiten der Schule insbesondere die Interessen des Behinderten berücksichtigen. Das Ruhen der Schulpflicht nach § 14 SchpflG ist jedoch nur nach *Ausschöpfen aller Möglichkeiten* auszusprechen. Diese Entscheidung ist in den beiden folgenden Jahren jeweils vor Schuljahresbeginn zu überprüfen und danach jedes 2. Jahr.

Der Antrag auf Zuordnung zur Gruppe der Schwerstbehinderten im Sinne des durch diesen Erlaß ergänzten SAV und der Richtlinien zur Errechnung der Lehrerstellen und zur Bildung der Klassen ist von der Sonderschule zu stellen, die der Schüler besucht oder besuchen soll.

Ihm sind beizufügen:
a) ein sonderpädagogisches Gutachten der Sonderschule,
b) ein Gutachten des Gesundheitsamtes,
c) eine Niederschrift über die Anhörung der Erziehungsberechtigten.

In dem Gutachten ist zur Frage, ob eine Schwerstbehinderung im Sinne der Ziffer 1 bzw. der Ziffern 2.1 bis 2.3 besteht, deutlich Stellung zu nehmen.

Soweit die nach Buchstaben a), b) und c) notwendigen Feststellungen bereits während des in Ziffer 3 SAV vorgeschriebenen Verfahrens getroffen wurden, ist die Vorlage zusätzlicher Unterlagen nicht erforderlich.

Die Entscheidung über die Zuordnung zur Gruppe der Schwerstbehinderten trifft die untere Schulaufsichtsbehörde, die für die von dem Schüler besuchte Sonderschule zuständig ist.

Dieser Runderlaß wird im Gemeinsamen Amtsblatt des Kultusministers und des Ministers für Wissenschaft und Forschung veröffentlicht.

In Vertretung:
gez. Thiele

Literaturverzeichnis

Affolter, F., Fehlentwicklungen von Wahrnehmungsprozessen insbesondere im auditiven Bereich, in: Berger, E. (Hrsg.), Teilleistungsschwächen bei Kindern, Stuttgart 1977.
Affolter, F., Wahrnehmungsprozesse, deren Störung und Auswirkung auf die Schulleistungen, insbesondere Lesen und Schreiben, in: Zeitschrift für Kinder- und Jugendpsychiatrie, 3, (1975), S. 223—234.
Arnold, Wilhelm, Person, Charakter, Persönlichkeit, Göttingen 1962.
Aschmoneit, Wolfgang, Motorik und ihre Behinderungen im Kindes- und Jugendalter, Dornburg-Frickhofen 1974.
Bach, Heinz, Früherziehungsprogramme, Berlin 1975^2.
Bach, Heinz, Lesen und Lesenlernen bei Geistigbehinderten, in: Sonderpädagogik, 1. Jg. Heft 4/1971.
Balzer, Brigitte und **Rolli, Susanne**, Sozialtherapie mit Eltern Behinderter, Weinheim 1975.
Bauer, Ernst, Psychologie der Schwerstbehinderten, in: Heilpäd. Werkblätter, Nr. 3, 1969, Institut für Heilpädagogik in Luzern.
Becker, Ruth und **Autorenkollektiv**, Früherziehung geschädigter Kinder, Berlin 1978.
Bernart, E., Schulbildung für geistig Behinderte, Berlin 1970.
Bladergroen, W., Über die Diagnostik und Therapie von Leselernstörungen, in: Praxis der Kinderpsychologie und Kinderpsychiatrie, Heft 4/1955.
Bollnow, Otto F., Sprache und Erziehung, Stuttgart 1966, Urban — Bücher 100.
Bowlby, John, Bindung, München 1975.
Bruner, Jerome S./Greenfield, Patricia M./Rose R., Oliver, u. a., Studien zur kognitiven Entwicklung, Stuttgart 1971.
Bühler, Karl, Die geistige Entwicklung des Kindes, Jena 1922^3.
Bühler, Karl, Sprachtheorie, Jena 1934.
Busemann, A., Psychologie der Intelligenzdefekte, München 1963^3.
Comenius, Johannes Amos, Pampaedia, Heidelberg 1965.
Deutscher Bildungsrat, Empfehlungen der Bildungskommission, Zur pädagogischen Förderung behinderter und von Behinderung bedrohter Kinder und Jugendlicher, Bonn 1973.
Deutscher Sportbund und **Bundesvereinigung Lebenshilfe für geistig Behinderte** (Hrsg.), Bewegung, Spiel und Sport mit geistig behinderten Kindern, Band 25 der Schriftenreihe Breitensport, Frankfurt 1982.
Dick, Otto, Die Grundlegung der Mengenlehre, Köln-Braunsfeld 1971.
Dittmann, W., Intelligenz beim Down-Syndrom, Heidelberg 1982.
Dohrmann, Paul, Pädagogische Briefe, Hannover 1948.
Dohrmann, Paul, Gedankliches Lesen, Hannover 1952.
Dorsch, Friedrich, Psychologisches Wörterbuch, Hrsg. Witte, Wilhelm, Hamburg 1959^6.
Dührssen, A., Psychogene Erkrankungen bei Kindern und Jugendlichen, Göttingen 1954.
Egg, Maria, Die Entwicklung des geistig behinderten Kindes, Ravensburg 1972.

Ellrott, D. und **Schindler, U.**, Reform des Mathematikunterrichts, Bad Heilbrunn 1975.
Enzyklopädisches Handbuch der Sonderpädagogik und ihrer Grenzgebiete, Hrsg. Heese und Wegener, Berlin 1969³.
Franke, C., Sprachentwicklung der Kinder und der Menschheit, Langensalza 1894
Frostig, Marianne, Bewegungserziehung, Dortmund 1975².
Frostig, Marianne, Bewegungserziehung, Neue Wege der Heilpädagogik, München 1973.
Gibson, James J., Die Sinne und der Prozeß der Wahrnehmung, Stuttgart 1973.
Gibson, James J., Die Wahrnehmung der visuellen Welt, Weinheim 1973.
Hanselmann, Heinrich, Grundlinien zu einer Theorie der Sondererziehung, Zürich 1941.
Haug, Christine und **Schmitz, Gudrun**, Lesen und Rechnen mit geistig behinderten Kindern, München 1977.
Heese, Gerhard, Frühförderung behinderter und von Behinderung bedrohter Kinder, Berlin 1978.
Heese, Gerhard, Rehabilitation Behinderter durch Förderung der Motorik, Berlin 1975.
Hofmann, Theodor (Hrsg.), Beiträge zur Geistigbehindertenpädagogik, Rheinstetten 1979.
Holtstiege, Hildegard, Modell Montessori, Freiburg 1977.
Humboldt, Wilhelm von, Über die Verschiedenheit des menschlichen Sprachbaues und ihren Einfluß auf die geistige Entwicklung des Menschengeschlechtes, Hrsg. von Flitner und Giel, Stuttgart, Band 3, o. J.
Irmischer, Tilo, Bewegungserziehung an der Schule für Geistigbehinderte, Band 8 der Handbücherei für die Unterrichtsplanung und Unterrichtsgestaltung in der Schule für Geistigbehinderte (Sonderschule), Hrsg. Pohl, R., Dortmund 1981.
Kapitzke, Eveline, Signalunterricht für das Entwicklungsalter von 2–7 Jahren, Braunschweig 1972.
Kern, A., Lesen und Lesenlernen, Freiburg 1952.
Kern, A., Praxis des ganzheitlichen Lesenlernens, Freiburg 1951.
Kerstiens, Ludwig, Der Mensch erschließt sich die Welt, Trier 1967.
Klein-Jäger, Wilma, Fröbel-Material zur Förderung des entwicklungsgestörten und des behinderten Kindes, Ravensburg 1978.
Koch, Franz Josef, Fingerlesen als Gebärdenspiel, Essen o. J.[12]
Koller, E., Der neue Weg im ersten Rechenunterricht, München 1958⁵.
Kühnel, J., Neubau des Rechenunterrichts, Bad Heilbrunn 1919.
Metzger, Wolfgang, Die Entwicklung der Gestaltauffassung in der Zeit der Schulreife, Westermanns Pädagogische Beiträge 8, 1956.
Metzger, Wolfgang, Die Entwicklung der Erkenntnisprozesse, in: Handbuch der Psychologie in 12 Bänden, 3. Band, Entwicklungspsychologie, Göttingen 1959².
Metzger, Wolfgang, Stimmung und Leistung, München 1965³.
Moog, Wolfgang und **Moog, Susanne**, Die entwicklungspsychologische Bedeutung von Umweltbedingungen im Säuglings- und Kleinkindalter, Berlin 1972.
Morgenstern, M., Löw Beer, Helena, und **Morgenstern, F.**, Heilpädagogische Praxis, Methoden und Material, München 1973².

Oberacker, Peter, Sprechen, Lesen und Schreiben mit geistig Behinderten, Villingen — Schwenningen 1980.

Ohlmeyer, Gertrud, Frühförderungsprogramme für behinderte Kinder (0—6), 980 Übungsanweisungen mit Materialangaben, Dortmund 1979.

Oy, Clara Maria von, Montessori-Material zur Förderung des entwicklungsgestörten und des behinderten Kindes, Ravensburg 1978.

Pechstein, Johannes, Umweltabhängigkeit der frühkindlichen zentralnervösen Entwicklung, Stuttgart 1974.

Pohl, Rudolf, Bereich des Kognitiven, in: Handbuch der Sonderpädagogik, Pädagogik der Geistigbehinderten, Hrsg. Heinz Bach, Berlin 1979.

Pohl, Rudolf, Vehrigs-Cornehl, B., Lebenspraktisches Training und lebenspraktische Orientierung, Handbücherei für die Unterrichtsplanung und Unterrichtsgestaltung in der Schule für Geistigbehinderte (Sonderschule), Bd. 11, Dortmund 1978.

Rauh, H., Entwicklungspsychologische Analyse kognitiver Prozesse, Weinheim 1972.

Ranschburg, P., Die Rechenfertigkeit und Rechenfähigkeit der geistig Defekten und Sinnesdefekten, Ber. 3, Kongr. Heilpäd., Berlin 1927.

Reich, Franziska, Frühförderung bei geistigbehinderten Kindern mit frühkindlicher Hirnschädigung unter besonderer Berücksichtigung entwicklungspsychologischer und neurophysiologischer Erkenntnisse, Schriftliche Hausarbeit, vorgelegt im Rahmen der Ersten Staatsprüfung für das Lehramt für Sonderpädagogik, 1982, unveröffentlicht.

Rohracher, Hubert, Einführung in die Psychologie, Wien 1963[8].

Schindler, Georg, Sprachbildung und Kulturtechnik, Berlin 1954.

Schmitz, Gudrun, Wahrnehmungstraining mit dem Pertra-Spielsatz, Informationsbroschüre Nr. 12 der Bundesvereinigung Lebenshilfe für geistig Behinderte e. V., Marburg 1978.

Schütz, Erich und **Rothschuh, Karl,** Bau und Funktion des menschlichen Körpers, Berlin 1965[7].

Schreiben von A bis Z., Lehrerfibel für die Schreiberziehung, Geha-Werke, Hannover.

Schreiberziehung in der Grundschule, in: Die Grundschule, Westermann, Braunschweig, Heft 1, 1969.

Singen und Schwingen, Geha-Werke, Hannover.

Spiekers, Rudolf, Untersuchungen zum Problem des Durchgliederungsprinzips bei Schwachbegabten, in: Zeitschrift für experimentelle und angewandte Psychologie, Band IV/1, Göttingen.

Sporken, Paul, Eltern und ihr geistig behindertes Kind, Düsseldorf 1975.

Spreen, Ottfried, Geistige Behinderung, Berlin 1978.

Stern, William, Die Kindersprache, Leipzig 1928.

Stirnimann, Fritz, Psychologie des neugeborenen Kindes, München 1973[2].

Uexküll, Jakob von, Streifzüge durch die Umwelten von Tieren und Menschen, Hamburg 1956.

Unesco-Kurier 1/1981 Hallwag Bern

Verzeichnis der Pelikan-Lehrerbücherei, Schreiberziehung, Günther Wagner — Pelikan-Werke, Hannover.

Vetter, Th., Das geistig behinderte Kind, seine Bildung und Erziehung, Villingen 1966.

Vojta, V., Diagnostik und Therapie der infantilen Zerebralparesen in ihrer Entwicklung, in: Hellbrügge, Th. (Hrsg.), Klinische Sozialpädiatrie, Berlin 1981.

Wasna, Maria, Leistungsmotivation, München 1973.

Wilken, Etta, Sprachförderung bei Kindern mit Down-Syndrom, Berlin 1979³.

Witkin, H. A., Ursprünge kognitiver Stile, in: Bonn, H. und K. Rosmanith (Hrsg.), Studien zur Entwicklung des Denkens im Kindesalter, Neuere Beiträge zur Deprivationsforschung, Darmstadt 1972.

Wittmann, Johannes, Einführung in die Praxis des ganzheitlichen Gesamtunterrichts insbesondere des ganzheitlichen Rechenunterrichts im ersten Schuljahr, Dortmund 1958.

Wittmann, Johannes, Theorie und Praxis eines ganzheitlichen Unterrichts, Dortmund 1967⁴.

Wunderlich, C., Das mongoloide Kind, Stuttgart 1977.

Lehrpläne

Bildungsplan der Schule für Geistigbehinderte (Sonderschule), Villingen-Schwenningen 1982.
Empfehlungen für den Unterricht in der Schule für Geistigbehinderte (Sonderschule), Neuwied 1980.
Lehrplan für die Schule für Geistigbehinderte in Schleswig-Holstein (Handreichung für den Unterricht), Kiel 1982.
Richtlinien und Lehrpläne für die Schule für Geistigbehinderte (Sonderschule) in Nordrhein-Westfalen, Köln 1980[2].

Medienverzeichnis

Elementare Verkehrserziehung, Stop-Verlag, Wuppertal 1981.

Die Förderung behinderter Kinder durch Spiel- und Lernmaterial, Vereinigung der Spielwaren-Fachgeschäfte, Sigmundstraße 220, 8500 Nürnberg 1 (Vedes)

Konietzko, Christa, Sing-, Kreis-, Finger- und Bewegungsspiele, Ravensburg 1978.

Montessori-Material, Verlag Nienhuis Montessori, Zelhem, Niederlande.

Morgenstern-Material, zu beziehen durch die Firma Franz Carl Weber, Allacher Straße 230e, 8000 München 50.

Pertra-Spielsatz, Hersteller: Holz-Hoerz, Postfach 1105, Ulmer Str. 36, 7313 Reichenbach-Fils, zu beziehen durch die Firma Franz Carl Weber, Allacher Straße 230e, 8000 München 50.

Reinartz, Erika und Anton, Frostig-Programm Visuelle Wahrnehmungsförderung, Dortmund 1972.

Spiel- und Arbeitsmaterialien für die Heilpädagogische Praxis, Franz Carl Weber Verlag, Allacher Str. 230e, 8000 München 50.

Spiele, Lernmittel, Bewegungsmaterial LEKIS, Immermannstr. 11, 4000 Düsseldorf 1

VERLAG WULFF & CO   4600 Dortmund 72 (Lütgendortmund)
Limbecker Straße 36   Postfach 720344   Ruf (0231) 631061

Handbücherei für die Unterrichtsplanung und Unterrichtsgestaltung in der Schule für Geistigbehinderte (Sonderschule)

Herausgegeben von Prof. Dr. phil. Rudolf Pohl
Pädagogische Hochschule Ruhr
Fachbereich II Sondererziehung und Rehabilitation

1/2	**Erziehung zur manuellen Geschicklichkeit** **Bildnerisches Gestalten** Helmut Klein	140 Seiten brosch.	12,90 DM
3	**Werken** Wolfgang Spitzner	112 Seiten brosch.	11,70 DM
4	**Textilgestaltung** Sabine Bohnenkamp	32 Seiten	4,00 DM
7	**Rhythmische Erziehung** Brigitte Steinmann-Vogel	40 Seiten brosch.	4,80 DM
8	**Bewegungserziehung an der Schule für Geistigbehinderte** Tilo Irmischer	160 Seiten brosch.	14,90 DM
9	**Sprecherziehung** Karl Heinz Flehinghaus	92 Seiten brosch.	10,60 DM
10	**Spracherziehung** Christel Dahlmann und Karl Heinz Flehinghaus	120 Seiten brosch.	12,10 DM
11	**Lebenspraktisches Training und lebenspraktische Orientierung** Rudolf Pohl und Brigitte Vehrigs-Cornehl	56 Seiten brosch.	6,90 DM
15	**Basisförderung bei geistigbehinderten Kindern** Hermann Meyer	100 Seiten brosch.	10,90 DM
16	**Beispiele für die Unterrichtsgestaltung und Unterrichtsdurchführung** Unter Mitarbeit von 6 Autoren	160 Seiten brosch.	14,40 DM
17	**Beispiele für die Verwirklichung der „Empfehlungen für den Unterricht in der Schule für Geistigbehinderte (Sonderschule)"** Unter Mitarbeit von 9 Autoren	248 Seiten brosch.	23,50 DM
18	**Berufsvorbereitung Geistigbehinderter in der Werkstufe** Gabriele Trakowski und Michael Trakowski	136 Seiten brosch.	13,50 DM

Die Reihe wird fortgesetzt mit:
  5 Hauswirtschaft
  6 Musikerziehung
  13 Sexualerziehung
  14 Religiöse Erziehung

VERLAG WULFF & CO   4600 Dortmund 72 (Lütgendortmund)
Limbecker Straße 36   Postfach 720344   Ruf (0231) 631061

Bestell-Nr.	Vordruckbezeichnung	Preis je 50 Stück oder 1 Block 50 St.
	Sonderschulformulare (Mindestmenge 50 Stück oder 1 Block)	
21	**Schülerbogen** (Anlage 1) 4 Seiten DIN A4	15,50
22	**Schulärztliches Gutachten** (Anlage 2) Block à 50 Blatt	8,50
23	**Elterneinladung** (Anlage 3) Block à 50 Blatt	8,50
24	**Einweisungsverfügung** mit Rechtsmittelbelehrung (Anlage 4) Block à 50 Blatt	8,50
25	**Rücküberweisung** (Anlage 5) Block à 50 Blatt	8,50
26	**Personalbogen** 8 Seiten DIN A4	22,—
27	**Protkollbogen** Stanford-Lückert 12 Seiten DIN A4	29,—
28	**Protokollbogen** Stanford-Binet 12 Seiten DIN A4	29,—

		Preise je Stück bei Abn. ab 10 St.
150	**Klassenbuch für Sonderschule** für 60 Schüler mit Schülerliste, Versäumnisliste, Zeugnisliste, Arbeitsplan und Arbeitsbericht (88 Seiten)	5,80

Preise einschließlich Mehrwertsteuer
Bei größeren Mengen erbitten wir Ihre Anfrage